아톰의 시대에서 코난의 시대로

원자력과 석유 없는 세상을 준비하는 에너지 프로젝트

아톰의 시대에서
코난의 시대로

강양구

세상이 변했다!

3년 전 『아톰의 시대에서 코난의 시대로』를 펴낼 때, 머리말에서 "이제 3년밖에 남지 않았다."라고 경고했다. 만성적인 에너지 위기가 본격적으로 시작되기 전에 준비를 서둘러야 한다는 절박한 문제의식에서 저널리스트로서는 함부로 해서는 안 될 예측을 구체적인 시한까지 거론하며 한 것이다.

고백하건대, 그렇게 글을 쓸 때도 이미 머릿속에는 낙관보다는 비관이 큰 부분을 차지했다. 안타까운 일이지만, 역사 속의 여러 예가 말하듯이, 세상은 내부의 역량보다는 외부의 충격 때문에 어쩔 수 없이 변하는 경우가 많기 때문이다. 그리고 3년이 지난 지금, 정말로 세상이 변했다.

잘 알다시피, 이번에도 충격은 외부로부터 왔다. 2011년 3월 11일, 일본 동북 지역에서 일어난 대지진으로 상상을 초월하는 지진해일이 발생했다. 그리고 그 여파로 일본의 대표적인 원자력 발전소 밀집 지역인 후쿠시마 현에서 체르노빌 사고를 능가하는 원자력 발전소 사고가 일어났다.

사고가 난 후쿠시마 원자력 발전소에서는 앞으로 수년간 온갖 종류의 방사성 독성 물질이 대기, 해양, 토양으로 배출될 것이고, 그 중 일부는 이미 일본 열도는 물론이고 한반도를 비롯한 전 세계에 영향을 주고 있다. 그리고 지금 세계는 지난 반세기 동안 우리 옆에서 똬리를 틀고 있었던 이 '위험한 에너지'를 어떻게 할지를 놓고 논쟁 중이다.

이 논쟁이 어떻게 결론 나느냐에 따라서, 우리 앞에는 전혀 다른 세상이 펼쳐진다. 만약 우리가 원자력 에너지 없는 세상을 선택한다면, 당장 한국처럼 전체 전기의 3분의 1 이상(약 35퍼센트)을 원자력 발전소에 의존하는 나라는 하루빨리 원자력 에너지를 대신할 수단을 찾아야 할 것이다. 그리고 어떤 대안을 찾든 지금처럼 전기를 펑펑 쓰지는 못하리라.

반면에 우리가 원자력 에너지를 계속 안고 가기로 결정한다면, 우리는 전기를 펑펑 쓸 수야 있겠지만 그에 상응하는 막대한 대가를 지불해야 할 것이다. 후쿠시마 사고를 통해서 각종 재해, 전쟁, 테러에 대비해 원자력 발전소를 안전하게 지키는 것이 얼마나 힘든지를 한 번 더 깨달았기 때문이다.

3년이 지난 지금, 『아톰의 시대에서 코난의 시대로』를 다시 펴낸 것도 바로 이런 사정 때문이다. 후쿠시마 사고가 일어나고 나서, 원자력 에너지를 둘러싼 논란이 있을 때마다 많은 이들은 이렇게 묻는다. "그래, 그래, 원자력 에너지가 문제가 많은 건 잘 안다고. 그런데 대안은 뭐야? 전기 없는 원시 시대로 돌아가자는 거야?"

아마도 이렇게 반응하는 이들이 이 책을 읽는다면, 지금 문제는

'대안이 없는 것'이 아니라 '수많은 대안을 무시하는 태도'라는 것을 곧바로 알아채리라. 이미 수천 년 전부터 인류는 원자력 에너지를 대신할 햇빛 에너지에서 비롯된 온갖 에너지를 이용해 왔고, 세계 곳곳에서 바로 이 오래된 지혜에 터를 둔 온갖 종류의 대안 에너지 실험이 진행 중이기 때문이다.

굳이 원자력 에너지뿐만이 아니다. 3년 전 이 책에서 경고했던 석유 시대의 황혼이 다가오는 징조는 지금 이 순간도 또렷하다. 2001년 20달러 수준이던 석유 가격은 10년이 지난 지금 100달러를 육박하고 있다. 이미 1970년대의 양차 석유 파동 때의 수준(현재 가치로 환산했을 때 80~90달러)은 넘어선 지 오래다.

2010년을 전후한 시점에 석유 생산량이 정점에 도달한 후 계속 감소할 것이라는 '석유 생산 정점(Peak Oil)' 사태를 경고하는 목소리가 갈수록 힘을 얻는 반면에, 지구 곳곳 미처 확인하지 못한 엄청난 양의 석유가 묻혀 있으리라는 낙관론자의 주장은 지난 10년간 어디서도 확인된 적이 없다.

이라크, 리비아를 비롯한 서남아시아 산유국의 혼란스러운 상황을 염두에 두면, 석유 공급을 둘러싼 상황은 더욱더 악화될 가능성이 크다. 한치 앞도 전망하기 힘든 서남아시아의 불안한 상황에 미국, 유럽, 중국 등의 석유를 확보하려는 갈등이 덧붙여진다면 그 파국적인 결말은 상상조차 하기 싫다.

이뿐만이 아니다. 석유와 같은 화석 연료에서 나오는 온실 기체에서 비롯된 지구 온난화를 막아 보려는 시도 역시 지난 3년간 진전된 곳이 없다. 화석 연료를 낭비하면서 온실 기체를 내뿜어야 가능한 '아메리칸 스타일'을 도무지 포기할 생각이 없는 미국, 일본, 한국 등과 그 뒤를 무섭게 추격하는 중국, 인도 등을 염두에 두면 상황은 더욱더 나빠졌다.

이 책을 처음 펴낼 때는 이즈음에 개정판을 준비할 생각이었다. 그러나 앞에서 열거한 사정 탓에 지금 시점에서의 개정판은 불필요하다고 판단했다. 3년 전에 쓰인 것임에도 지금의 현실을 설명하는 데 문제가 되는 대목이 없었기 때문이다. 개정판을 내는 데 시간을 허비하기보다는 논쟁의 장에서 이 책이 나름의 역할을 할 수 있도록 하자는 주변의 격려도 있었다.

다만 후쿠시마 사고를 둘러싼 논란 속에서 원자력 에너지에 대해서 좀 더 체계적인 비판을 할 필요가 있었다. 그래서 이 사고가 일어나기 얼마 전에 써뒀던 원자력 에너지의 문제점을 검토하는 글을 책 뒤의 '함께 읽기'에 덧붙였다. 이 기회에 본격적으로 원자력 에너지의 문제점을 검토할 또 다른 책을 조만간 선보일 것을 약속한다.

막상 이렇게 출판사를 바꿔서 책을 펴내려니 지난 3년간 『아톰의 시대에서 코난의 시대로』를 둘러싼 사연이 몇 개 떠오른다. 독자들의 폭발적인 반응은 없었으나, 이 책의 제목을 딴 다큐멘터리(「코난의 시대」)가 공중파 방송을 통해서 선보였다. 또 많은 매체가 한마디 언급도 없이 이 책을 그대로 베끼는 기획을 내보내는 통에 당혹스러웠던 적도 많다.

한 텔레비전 퀴즈 프로그램은 '화석 연료, 원자력 에너지를 대신하는 대안 에너지를 사용하는 시대'를 뜻하는 신어를 묻는 질문을 포함시키겠다며, 정답 '코난의 시대'의 출처를 물어와 웃었던 적도 있다. 제목이 마음에 든다는 한 고등학교 선생님은 "정작 아이들은 아톰, 코난을 모른다."라며 볼멘소리를 해오기도 했다.

그러고 보니, 중 · 고등학생을 대상으로 한 행사에서 이 책을 읽은 100명가량의 학생과 공개 대화를 나눈 일도 기억에 남는다. 강당을 빼곡히 채운 전국에서 모인 학생들이 지칠 줄 모르며 질문을 퍼붓는 모습을 보면서, 이들이야말로 코난의 시대의 주인공이 되리라는 생각에 안도의 한숨을 내쉬었다.

한 가지 아쉬운 것은 이 책에 실린 내용에 귀담아들어야 할 정치인, 공무원들의 반응이다. 이명박 정부가 들어서자마자 정부 관계자들이 이 책을 들고서 조언을 구하러 만나러 오기도 했으나, 얼마 후에 발표된 이명박 대통령의 이른바 '녹색 성장'은 이 책의 내용과는 정반대였다. 3년을 고스란히 까먹은 이 정부를 역사가 어떻게 기록할지 궁금하다.

전환의 시대에는 항상 세상을 혹세무민하는 이들이 있게 마련이다. 최근 들어 국내외에서 유독 '긍정'의 가치를 강조하며 '낙관주의자'를 찬양하는 이들이 많은 것도 이런 사정과 무관치 않을 것이다. 이들의 문제점을 논하려면 별도의 책 한 권이 필요할 테지만, 여기서는 간단히 한 가지만 언급하자.

그저 "현재처럼 미래에도 모든 일이 잘 될 거야."라고 되뇌는 사람은 낙관주의자라기보다는 위기의 순간에 자신뿐만 아니라 타인에게도 해를 끼치는 이기주의자일 뿐이다. 진짜 낙관주의자는 항상 최악의 상황에 준비하면서, 그런 상황을 극복할 수 있으리라고 믿는 이들이다. 즉 현재의 비관주의의자가 최후의 낙관주의자로 살아남을 수 있다.

더 나아가 이들 진짜 낙관주의자는 위기 상황에서 자신과 가족 뿐만 아니라 미처 아무런 준비를 하지 못한 이웃에도 손을 내밀 수 있다는 점에서 진정한 이타주의자다. 지금 이 시대야말로, 로맹 롤랑이 말하고 안토니오 그람시가 강조했던 "지성의 비관주의, 의지의 낙관주의"가 절실한 때다.

『아톰의 시대에서 코난의 시대로』를 펴냈던 출판사의 사정으로 절판되기 직전이었던 책의 가치를 알아보고 발 빠른 재출간을 추진한 사이언스북스에게 고맙다. 이 책이 원자력 에너지를 비롯한 에너지 논쟁에서 나름의 역할을 해서 '문명사적 전환'을 앞당기는 데 기여할 수 있기를 소망한다.

2011년 4월

강양구

이제 3년밖에 남지 않았다

모두가 중요하다고 입을 모으면서도 정작 아무도 관심을 가지지 않는 주제. 에너지 위기를 둘러싼 여러 가지 쟁점이 딱 그렇다. 지난 100년간 수많은 이들이 이 주제를 얘기했지만 이 문제가 진지하게 대중의 이야깃거리가 된 때는 손으로 꼽는다. 1970년대 두 차례에 걸친 석유 파동으로 전 세계가 에너지 위기를 실감한 지도 벌써 30년이 넘었다.

나 역시 크게 다르지 않았다. 처음 에너지 문제에 관심을 가지게 된 계기는 10여 년 전으로 거슬러 올라간다. 과학 기술이 초래하는 여러 가지 문제를 따져 보던 참에 에너지를 둘러싼 문제를 진지하게 들여다보게 되었다. 1990년대부터 정기적으로 한국 사회를 흔들었던 방사성 폐기물 처리장을 둘러싼 갈등은 그 대표적인 예였다.

나라고 뾰족한 해법이 있었던 것은 아니었다. 그러나 한 가지는 명백해 보였다. 원자력 에너지처럼 사고의 위험이 있고, 장기적으로 환경에 영향을 주며, 언제든지 무기로 전용될 수 있는 것은 결코 미래 에너지가 아니라는 점 말이다. 어렸을 때 즐겨 본 애니메이션의 주인공, 원자력 에너지로 움직이는 '아톰'과 같은 로봇을 만드는 꿈을 가졌던 나로서는 일종의 '개종'을 한 셈이었다.

그때 해결책으로 떠올랐던 게 바로 풍력, 태양 에너지와 같은 재생 가능 에너지였다. 일단 관심을 가지고 보니 우리나라 사정에 맞지 않아 경제성이 없을 것이라는 판에 박힌 정보가 결코 '진실'이 아니라는 사실도 알게 되었다. 이미 1980년대부터 덴마크, 독일 등에서는 원자력 에너지를 풍력, 태양 에너지로 전환하려는 노력이 계속되고 있었다. 한국도 못할 게 없었다.

당시는 또 다른 문제가 조심스럽게 제기되던 때였다. 지구 온난화가 초래하는 기후 변화. 늘 이견이 난무하기 마련인 과학계가 한목소리가 돼 지구 온난화를 경고한 것도 이례적이었다. 지금도 18세기 후반부터 온실 기체의 농도가 높이 치솟기 시작한 그래프를 처음 접했을 때의 충격이 생생하다. 아톰이 문제가 아니었다. 우리는 어렸을 때 즐겨 보던 또 다른 애니메이션의 주인공 '코난'과 그 친구들이 살던 방식대로 살아야 하는 시대로 가고 있었다.

이런 충격은 나만의 것은 아니었다. 평소 행동이 굼뜨기만 한 전 세계 정치인이 1997년 한 자리에 모여 기후 변화 협약「교토 의정서」를 발표한 것이다. 대기 중의 온실 기체 농도가 높아지는 게 어떤 결과를 초래할지 확실한 과학 증거가 없는 상황에서 세계 각국이 모여 이른바 '사전 예방 원칙(precautionary principle)'에 따라 대응을 선언한 것 자체가 이례적이었다.

그때 한국에서는 외환 위기가 찾아왔다. 그간 한국에서 추진해 온 발전 전략을 근본부터 점검해 볼 수 있는 기회였다. 그 과정에서 원자력 에너지, 지구 온난화와 같은 에너지를 둘러싼 여러 가지 문제도 검토할 수 있었다. 그러나 한국은 성장에 목매다는 길을 포기하지 않았다.

세계 사정도 별반 다르지 않았다. 2001년 미국의 부시 대통령은 「교토 의정서」를 거부했다. 그는 2003년 미심쩍은 이유를 대면서 석유 매장량이 많은 이라크를 결국 침공했다. 곧 노무현 대통령도 지지자의 반대를 무릅쓰고 미국의 이라크 침공에 힘을 보태기로 결정했다.

내가 과학·환경 기자를 시작한 것은 그때부터다. 이후 에너지를 둘러싼 문제를 대중에게 전달하고자 부단히 애를 썼다. 마침 2003년에는 방사성 폐기물 처리장을 둘러싸고 전라북도 부안에서 그 유래를 찾아볼 수 없는 사회 갈등이 벌어져 한국 사회가 들썩이기도 했다. 물론 대중의 관심은 그때뿐이었다.

그러나 세상은 계속 변했다. 2000년대 들어서 그냥 넘길 수 없어 보이는 위기의 징후가 계속 나타났다. 2002년부터 시작된 고유가 사태는 신호탄이었다. 수급 불균형이 초래한 일시적인 사태일 뿐이라는 분석은 시간이 갈수록 힘을 잃어가고 있다. 그리고 5년이 지난 지금 유가는 1배럴당 100달러에 육박했다. '유가 100달러' 시대의 도래가 눈앞에 온 것이다.

2010년을 전후한 시점에 석유 생산량이 정점에 도달한 후 계속 감소할 것이라는 '석유 생산 정점(Peak Oil)' 사태를 경고하는 목소리도 계속 커졌다. 2007년 11월 현재 '구글(google.com)'에서 'Peak Oil'로 검색되는 문서는 무려 약 930만 건이나 된다. 그간 석유 정점 사태를 경고하는 목소리를 무시하는 미국 정부마저도 점점 태도가 변하고 있다.

이런 상황에서 석유, 천연가스와 같은 자원을 확보하려는 '자원 전쟁'은 갈수록 불붙고 있다. 2003년 미국이 얼토당토하지 않은 이유로 이라크를 침공한 것은 에너지 위기가 앞으로 국제 정치를 좌지우지할 핵심 변수임을 보여 주는 상징적 사건이었다. 자원을 무기로 활용하는 러시아, 베네수엘라 등의 '자원 민족주의'도 갈수록 기승을 부리고 있다.

그간 묵묵히 견뎌 온 우리별 지구도 몸부림치고 있다. 최근 수년 간 세계 곳곳에서 나타난 이상 기후 사례를 굳이 언급하지 않더라도, 정상적인 틀을 벗어난 2007년 한반도의 여름 날씨는 지구 온난화가 일으킨 기후 변화의 심각성을 잘 보여 준다. 그간 다소 회의적인 입장이었던 과학자들마저도 지구 온난화가 심각한 사태를 초래할 가능성을 더 이상 부정하지 않는다.

이렇게 위기의 징후가 눈앞에서 또렷하게 보이는데도 마치 한국은 지구가 아닌 저 멀리 다른 행성에 자리 잡고 있는 나라처럼 태평하다. 한국이 얼마나 태평하게 세월을 보내고 있는지는 직접 겪은 몇 가지 예를 언급하는 것으로 충분할 듯하다. 사실 이런 경험이야말로 이 책을 쓴 직접적인 계기가 되었다.

수년간 석유 생산 정점 사태를 경고해 온 ASPO(The Association for the Study of Peak Oil & Gas)의 의장이 2006년 11월, 한국을 처음 방문했다. 그는 강연을 위해 며칠 동안 한국에서 머물렀지만, 딱 한 곳을 제외하면 국내 언론에는 단 한 줄도 소개되지 않았다. 미국 의회에서 강연을 요청할 정도로 영향력 있는 인사라는 초청 단체의 홍보도 소용이 없었다.

이뿐이 아니다. 일전에 낸 다른 책에서 나는 몇 쪽을 할애해 "석유 시대의 황혼을 대비해야 한다."라고 지적했다. 그 책이 한 방송사의 프로그램에 소개될 때의 일이었다. 신문, 방송을 종횡무진 누비는 꽤 영향력 있는 지식인이 그 책을 비판하면서 이렇게 말했다. "이미 수십 년 전에도 그런 이야기는 있었지만 아무 일도 없었잖아요."

답답했다. 아무리 과학, 환경에 문외한이라지만 신문, 방송에서 온갖 사회 문제를 논평하는 지식인으로서 해야 할 말이 아니었기 때문이다. 2000년대 들어 쏟아진 에너지 문제를 다루는 책 한 권, 아니 그가 칼럼을 써 온 신문의 에너지 관련 기사만 들여다봤어도 저런 소리는 할 수 없었을 것이다. 그러나 나중에는 그만 탓할 일도 아니라는 생각을 하게 되었다.

"바이오 연료 붐이 세계 물가 상승 촉발"(4월 12일), "유채 꽃이 지구 환경 살리는 대안"(4월 28일), "보리 대신 유채? 아직은……"(5월 1일), "볏짚으로 가는 자동차 달려온다"(5월 7일), "'바이오 연료' 5가지 허구……식량난·환경오염 가중시켜"(6월 16일). 그가 칼럼을 써 온 신문의 2007년 4~6월의 재생 가능 에너지 기사들이다.

모두 최근 들어 전 세계에서 큰 주목을 받고 있는 식물 연료 기사들이다. 이렇게 우왕좌왕하는 기사를 보면서 이 신문을 보는 독자는 얼마나 당혹스러웠을까? 더구나 국내와는 사정이 전혀 다른 외국 기사에 의존하는 비판적인 보도는 식물 연료가 국내에서 자리를 잡기도 전에 부정적 이미지를 덧칠한다. 대개 독자는 칭찬보다 비판을 더 오래 기억하기 때문이다.

언론 보도가 이런 상황이었으니 그 지식인의 반응도 이해할 만한 일이었다. 에너지 문제와 관련해서는 그 역시 평범한 독자에 불과했을 테니까. 그러고 보니, 마침 그 신문은 2006년 연말에 이탈리아 석유 기업 경영자가 쓴 '석유 시대는 계속된다'라는 취지의 글을 꽤 크게 보도했다. 업계의 이해관계를 염두에 둔 의도가 불순해 보이는 글이었는데도 말이다.

이런 상황을 지켜보면서 나는 뭔가 정리를 할 필요성을 절감했다. 마침 에너지 위기를 화두로 국내외 곳곳을 둘러보고, 사람을 만나던 참이기도 했다. 5년간 재생 가능 에너지의 필요성을 강조해 왔지만 반향이 없어서 지치기도 했다. 뭔가 다른 시도가 필요했다. 이 책은 바로 이런 답답한 상황을 타개해 보려는 시도다.

에너지 문제와 관련해 심상치 않은 일이 진행되고 있는데 그 실체가 무엇인지 요령 있게 알려 주는 사람이 없어서 답답해하던 사람, 에너지 문제의 실체를 어렴풋이 알면서도 나와는 상관없는 남의 일이라 여기거나 "그래서?" 하면서 냉소를 보내는 사람, 바로 이런 이들을 이 책의 우선적인 독자로 상정했다.

여기에는 앞으로 밥벌이를 시작하자마자 다른 골치 아픈 문제에 더해 온갖 에너지 문제와 맞닥뜨릴 청소년도 포함된다. 특히 아직 장래에 무엇을 할지 결정하지 못해 고민하는 청소년이 있다면 이 책에 소개된 에너지 문제를 해결하는 직업에 관심을 돌려보기를 바란다. 어쩌면 이 책을 읽는 청소년의 행동이야말로 세상을 구할 마지막 기회일지 모르겠다.

물론, 평소 에너지와 관련한 정보를 눈여겨 살피는 사람 역시 이 책은 유용하다. 이들을 위해서 국내 재생 가능 에너지 산업의 최근 동향뿐 아니라, 에너지 문제를 둘러싼 여러 가지 논쟁을 책 곳곳에 소개했다. 식물 연료, 유류세와 같은 뜨거운 쟁점도 피하지 않았다. 다소 거칠지만, 더 열띤 토론을 위한 발제로 여기면 될 것이다.

특히 몇몇 제안은 메아리가 있기를 희망한다. 북한에 태양, 풍력 에너지를 공급하는 것을 적극 검토하자는 제안이나, 환경운동이 서울이 아닌 전주, 진주와 같은 지방 도시에 독일의 프라이부르크와 같은 모범이 될 만한 에너지 자립 생태 도시를 만드는 것으로 활동 방향을 바꿔 보자는 제안은 실행에만 옮겨진다면 꽤 큰 반향을 얻을 수 있으리라는 게 내 판단이다.

취재하고 집필하는 과정에서 국내외의 여러 가지 자료를 체계적으로 검토할 수 있었다. 그 과정에서 이 책을 쓰는 데 많은 도움이 되었고, 이 책에 더해 꼭 읽어 봐야 할 책을 수십 권 소개했다. 만약 이 책을 읽고 훨씬 더 깊은 고민이 담긴 그 책을 손에 든다면 그것만으로도 이 책의 일차적인 역할은 다한 게 아닌가 싶다.

이렇게 책을 정리하고 보니 기자 생활을 시작할 때, 한 선배가 했던 이야기가 떠오른다. "200자 원고지 2매짜리 기사를 쓰면 2매만큼 고민을 하게 되고, 1000매짜리 책을 쓰면 그만큼 고민을 더 하게 된다." 기사를 쓰면서 2매짜리 기사를 쓰더라도 1000매짜리 책을 쓰는 것처럼 공부하고, 고민하자고 마음먹었었다.

그러나《프레시안》에 연재한 기사를 골격으로 살을 붙여 책을 위한 원고를 마련하면서 자책하지 않을 수 없었다. 기존 기사를 보완하고, 새로 원고를 쓰면서 몇 번이나 처음부터 다시 쓰자고 마음먹었는지 모른다. 천편일률적인 언론의 기사 쓰기 관행에 물든 것이 아닌지 반성도 많이 했다. 나 역시 딱 원고지 매수만큼만 고민을 해 왔던 것이다.

결국 기존의 기사를 대폭 보완하고, 내용을 새로 추가하는 선에서 타협했다. 마감 시간과 싸우며 쓴 기사 역시 그 나름의 미덕을 가지고 있다고 자위를 하면서 말이다. 책의 구성이 좀 산만한 것은 이 때문이다. 그러나 덕분에 책을 통독하지 않고 필요한 부분만 읽어도 큰 무리가 없다. 필요한 부분만 읽고 참고할 수 있는 자료로서의 효용성은 더 높아진 셈이다. 인터넷으로 접하는 자료가 많아지면서 발췌독이 쉬운 책이 요즘 유행이라고 하니, 얼떨결에 유행을 좇는 책이 되었다.

역사는 21세기의 첫 10년을 어떻게 기록할까? 나는 후대의 역사가들이 이 10년을 만성적인 에너지 위기가 시작된 해로 기록할 것이라고 본다. 그런 점에서 본다면 에너지 위기를 경고한 이 책의 운명은 앞으로 3년 정도가 될 것이다. 이 주제를 다시 정리할 기회가 생길 때, 때늦은 책을 냈다며 자책하는 일이 없기를 바랄 뿐이다.

한 소설가는 글을 쓰려고 책상에 앉을 때마다, 책상을 방 한복판에 놓지 않는 이유를 기억하라고 당부했다. 삶은 글쓰기를 위해 존재하는 것이 아니라, 오히려 그 반대임을 강조한 것이다. 이 책 역시 마찬가지다. 이 책에 실린 수많은 이들의 실천 기록이 많은 사람에게 목전에 다가온 에너지 위기에 관심을 가지는 계기가 되기를 바란다.

더 나아가 그런 관심이 이 책에 소개된 에너지 위기를 대비하려는 국내외 곳곳의 노력에 공명하는 움직임으로 연결되기를 바란다. 그렇게 한 사람씩 '희망'을 말하기 시작하면 세상은 변한다. 루쉰은 이렇게 말했다. "한 사람이 먼저 가고, 걸어가는 사람이 많아지면 그것이 곧 길이 된다."

2007년 11월

강양구

차례

Chapter 1

임박한 파국

오스트리아 그라츠 시. 세워진 지 1,000년이 넘은 이 고도(古都)의 버스는 특별하다. 녹색으로 칠해진 메르세데스벤츠 버스 152대는 한 대도 빠짐없이 폐식용유를 원료로 만든 바이오디젤을 연료로 사용한다. 그라츠 시는 1994년 처음 두 대의 버스에 바이오디젤을 넣은후 10년 만에 대중교통 수단 연료의 완전한 전환을 이끌어 냈다.

이를 주도한 그라츠 대학교 마르틴 미텔바흐(Martin Mittelbach) 교수는 폐식용유를 수거해 버스 연료로 사용하는 과정을 직접 설명하면서 "조용하지만 중요한 변화가 세계 곳곳에서 일어나고 있다."라고 지적했다. 어떤 변화일까? 공교롭게도 이 변화의 중심에는 미국의 조지 부시(George W. Bush) 대통령이 서 있었다.

2006년 1월 31일, 부시 대통령이 《연두교서》를 발표하면서 세계는 발칵 뒤집혔다. "미국은 석유에 중독되어 있다." 세계에서 가장 에너지를 펑펑 써 온 미국의 대통령이 전 세계적인 석유 고갈의 가능성을 암시하는 발언을 공개리에 한 것이다. 부시 대통령은 석유 공급의 불안정성에 대비하는 여러 가지 방안을 강구할 것을 약속했다.

고유가 사태는 '쭉' 계속된다

부시 대통령의 발언은 이미 예고된 것이었다. 그를 압박한 가장 중요한 요인은 하늘 높은 줄 모르고 치솟는 유가다. 서부텍사스(West Texas Intermediate, WTI) 산 원유 기준으로 2002년 배럴당 26달러였던 유가는 2005년 56.82달러로 두 배나 올랐다. 유가는 2007년 한때 배럴당 100달러 수준에 근접해 1970년대 양차에 걸친 석유 파동 때의 수준(80~90달러)을 넘어섰다.

2002년 유가가 치솟을 때만 해도 국내외 많은 전문가는 고유가가 일시적인 수급 불균형에 따른 것이라고 전망했다. 그러나 5년이 지난 지금 1980~1990년대 저유가 시대로 돌아가리라고 전망하는 전문가는 극소수에 불과하다. 이런 상황을 예견이라도 하듯 미국 프린스턴 대학교 폴 크루그먼(Paul Krugman) 교수는 유가가 한창 치솟던 2004년 5월 15일 《뉴욕타임스》에 이렇게 썼다.

1970년대 두 차례의 석유 파동 때는 세계적으로 증산 여력이 많아 수급 차질에 대처할 만한 여유가 있었다. 그러나 최근의 고유가 사태는 그렇지 않다. 뚜렷한 공급 차질 상황이 없는데도 중국을 필두로 수요가 급증하면서 수급 상황이 빡빡한 상태다. 이런 상황에서 서남아시아 불안마저 심화된다면 심각한 경제적 손실을 초래하는 위기가 발생할 것이다.

그로부터 2년이 지난 지금 이런 크루그먼 교수의 분석에 이의를 다는 사람은 거의 없다. 삼성경제연구소 김현진 수석연구위원은 "중국이 급속히 성장하면서 석유 수요는 지속적으로 증가하는 반면 공급 능력은 이에 탄력적으로 대응하지 못하고 있다."라며 "고유가 사태가 일시적인 현상으로 끝나지 않는다."라고 전망했다.

석유 수출국 기구(Organization of Petroleum Exporting Countries, OPEC)는 세계 경제가 지탱할 수 있는 범위 안에서 생산량 조절을 통해 유가 하락을 저지할 가능성이 크다. 또 석유 기업도 지정학적 위험 증가로 마땅하게 투자할 곳을 찾지 못하고 있다. 1980~1990년대 내내 계속된 저유가 시대에 석유 생산에 투자가 거의 이뤄지지 않은 것도 공급 능력이 확충되는 것을 가로막고 있다.

사우디아라비아발(發) 석유 파동?

그렇다면 이렇게 생각해 볼 필요가 있다. 석유 기업이 본격적으로 공급 능력을 확충하면 언제든지 과거의 '좋았던 때'로 회귀할 수 있을까? 상황은 그리 단순하지 않다. 이런 낙관론에 찬물을 끼얹는 일이 유가가 한창 치솟던 2004년 초에 발생했다. 세계적인 석유 기업 로열더치셸은 9주 동안 세 차례에 걸쳐 총 가채 매장량(기존의 채취 방법을 이용해 현재의 가격 수준으로 캘 수 있는 자원의 매장량)이 20퍼센트 감소한 사실을 발표했다.

로열더치셸은 나이지리아, 오만의 가채 매장량이 40퍼센트 이상

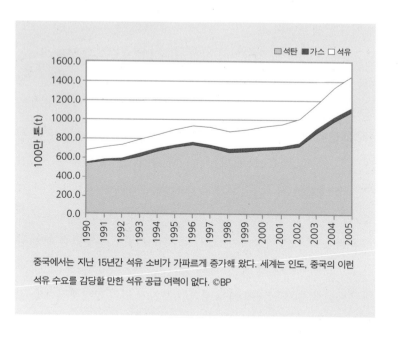

중국에서는 지난 15년간 석유 소비가 가파르게 증가해 왔다. 세계는 인도, 중국의 이런 석유 수요를 감당할 만한 석유 공급 여력이 없다. ⓒBP

과대평가되어 있었던 사실을 인정했다. 이 발표로 이 기업의 주가는 바로 25퍼센트나 폭락했다. 파장은 이 기업의 주가 하락에 그치지 않았다. 그동안 석유 기업이 가채 매장량을 과장해 온 사실이 만천하에 드러났다. 석유 기업이 주장해 온 가채 매장량(약 1조 배럴)의 상당량(20~25퍼센트)은 실체가 없을 수도 있음을 방증하는 사건이었다.

이뿐이 아니다. 2005년 에너지 산업에 주로 투자하는 사이먼스앤컴퍼니인터내셔널의 매튜 사이먼스(Matthew R. Simmons) 회장은 『사우디아라비아 석유의 비밀(Twilight in the Desert)』에서 '사우디아라비아발' 석유 파동의 도래를 경고했다. 사이먼스 회장은 "사우디아라비아의 석유 생산이 정점에 근접했거나 이미 정점을 지났다."라고 결론 내렸다.

사이먼스 회장은 "수년간에 걸쳐 사우디아라비아의 유전에서 일하는 지질학자들이 작성한 200여 편의 논문을 검토한 결과 사우디아라비아 정부가 발표하는 석유 매장량 통계에 큰 의심을 품게 되었다."라고 설명했다. 그는 "사우디아라비아의 석유 생산이 하락하는 시점은 전 세계 석유 생산이 하락하는 신호탄이 될 것"이라고 덧붙였다.

이런 사이먼스 회장의 경고에 힘을 실어 주기라도 하듯 사우디아라비아 국영 석유 기업 사우디아람코에서 부사장을 지내다 2004년 퇴사한 사다드 알후세이니(Sadad al-Husseini)도 《뉴욕타임스》를 비롯한 언론과의 인터뷰에서 동감을 표시했다. "사우디아라비아의 석유 생산량은 위험할 정도로 과대평가되었다."

임박한 파국, 석유 생산 정점

이런 일련의 사건들이 지시하는 것은 분명하다. 전 세계 석유 생산은 이미 정점에 근접했거나 혹은 이미 정점을 지나고 있을 수도 있다. 이와 관련해 2004년 3월, 미국 에너지부(Department of Energy, DoE)가 발표한 45쪽 분량의 보고서(Strategic Significance of America's Oil Shale Resource)는 석유 고갈 사태를 경고해 눈길을 끈다.

현재 전 세계 석유 매장량은 석유 발견 속도보다 세 배나 빠른 속도로 고갈되고 있다. 세계 석유 생산이 정점에 도달하는 시기에 대해 일치된 합의는 존재하지 않는다. 그러나 '석유 생산 정점(Peak Oil)'

예상 시점은 2020년을 넘기지 않는다. 미국은 당장 전 세계 석유 생산 정점에 대한 대응을 시작해 경제, 국가 안보에 미치는 부정적 영향을 상쇄해야 한다.

미국 에너지부는 2005년 2월에도 석유 생산 정점에 대한 보고서 (Peaking of World Oil Production: Impacts, Mitigation & Risk Management)를 발표했다. 미국의 한 조사 기관에 의뢰해 작성된 이 보고서는 석유 생산 정점이 실제 도래할 경우 발생할 수 있는 위험을 경고하고 있다.

이 보고서는 "석유 생산 정점은 미국을 비롯한 전 세계에 전례 없는 위기관리 문제를 제기하고 있다."라며 "그 충격을 완화할 시의적절한 대책을 세우지 않으면 전례 없는 경제적, 사회적, 정치적 비용이 발생할 것"이라고 경고했다. 특히 이 보고서는 "석유 생산 정점이 오기 최소한 10년 전에는 대책을 강구해야 할 것"이라고 시기를 못 박고 있다.

만약 석유 생산 정점과 관련해 대비책을 세우지 않는다면 어떤 일이 발생할까? 이 보고서는 "석유 생산 정점에 대비하지 않을 경우 전 세계는 20년 이상 심각한 석유 부족 사태에 직면하게 될 것"이라며 "그 결과 엄청난 경제적 대격변이 발생할 가능성이 크다."라고 경고했다. 이 경고가 의미하는 내용은 이렇다.

일단 석유 생산 정점이 오면 그 이후부터 석유 생산이 급격히 떨어진다. 이런 상황에서 각국이 석유 자원을 확보하고자 경쟁을 시작하면, 세계 석유 수요는 공급과 정반대 방향으로 움직일 가능성이 크다. 일단 석유 생산이 줄어들기 시작하면 말 그대로 '대혼란'은 불가피하다.

한 가지 예를 들어볼까? 당장 먹을거리조차 확보하기 어려운 상황이 도래할 수 있다. 식탁에 오르는 먹을거리의 대부분이 원거리를 이동하는 현재 상황을 염두에 두면 배, 비행기, 자동차가 멈출 경우 무슨 일이 생길지 예상하는 것은 그리 어려운 일이 아니다. 1970년대 석유 파동 때 미국의 일부 지역에서 먹을거리 공급이 중단되었던 일이 다시 발생할 수 있다.

미텔바흐 교수는 "2006년 11월 인도네시아로 출장을 갔을 때, 부시 대통령을 만났다."라며 "부시 대통령이 경유 대신 자동차의 연료로 사용할 수 있는 바이오디젤에 큰 관심을 보이는 것을 보고 세상에 큰 변화가 일어나고 있다는 사실을 실감했다."라고 전했다. 그는 지난 20여 년간 석유를 대신할 수송 연료를 개발하는 데 주력해 왔다.

부시 대통령이 "미국은 석유에 중독되어 있다."라며 공개적으로 대책 마련에 나선 데는 바로 이런 배경이 있었다. 마침 2006년은 국제 에너지 기구(International Energy Agency, IEA)가 석유 생산 정점이 올 것으로 예상한 2015년까지 채 10년도 남지 않은 시점이었다. 인류가 한번도 직면한 적이 없는 사태에 대비하기 위한 움직임이 세계적 차원에서 시작된 것이다.

결국은 카산드라가 맞았다!

현실에서는 여전히 낙관론자가 득세하고 있다. 이탈리아의 석유 기업 에니의 레오나르도 마우제리(Leonardo Maugeri) 부사장이 2006년 말《뉴스위크》에 기고한 글 「석유의 새로운 시대(The New Age of Oil)」는 대표적이다. 그는 "지금은 석유 시대의 종말이 아니라, 새로운 석유 시대로 접어들었다."라며 "현재 예상되는 것보다 훨씬 더 많은 석유가 지하에 존재한다."라고 주장했다.

낙관론자는 미국 지질 조사국(United States Geology Survey, USGS)의 석유 매장량 통계와 이에 기반을 둔 미국 에너지 정보청(Energy

쉘 알레크렛 ASPO 의장

Information Administration, EIA)의 전망에 기댄다. 지질 조사국은 전 세계적으로 2조 6000억 배럴의 석유가 매장되어 있다고 추정한다. 산유국의 발표를 근거로 집계한 석유 매장량 1조 7000억 배럴에 카스피 해, 서아프리카 등에 매장된 것으로 추정되는 9000억 배럴을 더한 양이다.

그러나 이 지질 조사국의 석유 매장량 통계는 많은 불신을 받고 있다. 즉 미국 본토의 매장량 통계는 비교적 정확한 반면, 그 실상을 제대로 알 수 없는 사우디아라비아를 비롯한 서남아시아의 매장량 통계는 과장일 가능성이 크다는 것이다. 이미 살펴본 사이먼스 회장은 바로 이런 사우디아라비아의 매장량 통계의 허점을 정확히 짚었다.

낙관론자는 과학 기술이 더 많은 석유 생산을 보장할 것이라고 믿는다. 그러나 앞으로 발견될 유전은 지금까지 발견된 유전보다 전 과정에서 더 많은 에너지가 들어갈 수밖에 없다. 1배럴의 석유를 얻기 위해 1배럴의 석유와 같은 에너지를 투자해야 하는 경우 그런 유전의 가치는 '0'이나 다름없다. 더구나 그런 석유 탐사에 누가 돈을 댈 것인가?

이런 낙관론자를 가장 불편하게 하는 존재가 바로 2010년을 전후한 시점에 석유 생산 정점이 올 것을 경고해 온 ASPO(The Association for the Study of Peak Oil & Gas)의 지식인이다. 2006년 11월 한국을 방문한 스웨덴 움살라 대학교 교수이자 ASPO 의장을 맡고 있는 쉘 알레크렛(Kjell Aleklett) 교수는 ASPO의 지식인을 그리스와의 전쟁에서 트로이의 패배를 경고한 카산드라에 비유했다.

알레크렛 교수는 "카산드라는 트로이 인에게 무시당했지만 트로이 인은 뒤늦게야 카산드라가 옳다는 것을 알았다."라며 "하지만 이미 그때는 늦었다."라고 지적했다. 그는 "낙관주의자의 이야기는 당장 듣기에는 좋지만 그것이 항상 진실은 아니다."라며 "다행히 카산드라의 경고를 경청하는 언론인, 정치인이 늘어나고 있는 것은 좋은 신호"라고 지적했다.

알레크렛 교수는 "구글에서 'Peak Oil'이 포함된 문서를 검색해 보면 관련 문서가 6개월 만에 300만 건에서 배 가까이 늘었다.(2007년 11월 현재 930만 건)"라며 "2001년 창립된 ASPO도 현재 총 19개 국가로 그 네트워크가 확대되었고 조만간 일본, 중국에도 설립될 예정"이라고 설명했다.

알레크렛 교수는 특히 "미국 국민에게 석유 공급의 안정성을 안심시켜야 하는 정치적 목적을 갖고 있는 미국 에너지 정보청이 제공하는 편향된 정보에만 의존하지 말고 세계적인 에너지 정책의 큰 흐름이 어떻게 전개되고 있는지 주목해야 한다."라며 "한국도 더 늦기 전에 석유 생산 정점에 대비할 수 있는 중 장기적인 대비책을 마련해야 한다."라고 경고했다.

알레크렛 교수는 2006년 초에 국내 언론에 크게 보도된 스웨덴의 '2020 석유 제로(0) 선언'이 나오는 데 큰 영향을 줬다. 스웨덴은 2020년까지 난방용으로 쓰는 석유를 '0'로 하고, 수송용, 산업용으로 쓰이는 석유도 현재 수준보다 20~40퍼센트 줄이는 것을 목표로 에너지 전환을 추진 중이다.

2020년까지 석유 사용을 '0'으로 만들겠다는 스웨덴의 '2020 석유 제로 선언'이 큰 관심을 모았다. 이 선언이 나오는 데 큰 역할을 한 것으로 알고 있다.

몇 가지 잘못 알려진 게 있다. 2020년까지 난방용으로 쓰이는 석유를 '0'으로 하겠다는 것이지 2020년부터 석유를 아예 쓰지 않겠다는 게 아니다. 현실적으로 그것은 불가능하다. 물론 수송용, 산업용으로 쓰이는 석유를 줄이는 계획도 계속 추진할 예정이다. 현재 소비 수준보다 20~40퍼센트 감소하는 게 목표다.

분명히 할 게 또 있다. '2020 석유 제로 선언'은 총리가 참여한 스웨덴 왕립 학회 에너지위원회가 내린 결정이지 구체적인 정책이 포함된 정치적 결정은 아니다. 다만 새로 집권한 중도우파 연립정부도 전 정부의 에너지 정책을 그대로 계승할 것이기 때문에 2020년까지 석유 의존을 획기적으로 줄일 수 있는 구체적인 정책이 계속 논의되고 집행될 예정이다.

아직 정치적으로 결정된 바가 없다지만 총리가 참여한 위원회에서 이런 중요한 결정이 내려지는 일을 한국에서는 상상할 수 없다. 이런 선언이 나오기까지 어떤 과정을 거쳤나?

2002년에 내가 스웨덴의 주요 언론에 석유 생산 정점에 대한 글을 처음 쓰면서 논의가 촉발되었다. 처음에는 내 글을 읽고 "알레크렛 교수가 미쳤다."라고 이야기하는 사람이 있을 정도로 반발이 심했다. 반발하는 이들과 신문을 통한 논쟁을 벌이자 텔레비전, 라디오 등 방송에서도 이 문제에 관심을 갖게 되었다. 이렇게 해서 본격적으로 논쟁이 확산되기 시작했다.

　이런 가운데 스웨덴 왕립 학회에서 경제학, 사회학, 지질학 등 각 분야의 전문가를 모아 에너지위원회를 만들기로 결정했다. 물론 이 에너지위원회에서는 석유 생산 정점 문제가 중요한 의제로 다뤄졌다. 특히 총리가 직접 에너지위원회의 위원장을 맡기로 해 큰 화제가 되었다. 그 과정에서 석유 가격이 오르기 시작하자 대중적으로도 관심을 가지기 시작했다.

　처음 석유 생산 정점 논의에 불을 붙인 내가 스웨덴에서 권위를 인정받는 웁살라 대학교의 교수라는 점, 에너지위원회의 위원장이 현직 총리라는 점 때문에 에너지위원회는 자연스럽게 언론, 대중의 관심을 끌었다. 에너지위원회는 모두 다섯 차례의 공청회를 개최했는데 모두 다 언론을 통해 생중계되었다. 나는 그 첫 공청회에서 강연을 했다.

　2000년대 들어 석유 생산 정점 논의는 스웨덴뿐 아니라 세계적으로 관심을 끌었다.

　스웨덴 왕립 학회는 노벨상을 선정하는 곳이기 때문에 그 활동이 국제학계의 주목을 받는다. 스웨덴에서 석유 생산 정점에 대한 논의가 활발하게 일어나면서 2005년부터 미국에서도 관심을 갖게 되었다. 미국 하원에서 나를 초청해 석유 생산 정점에 대한 증언을 청취하기도 했다.

　결국 4년 만에 석유 생산 정점 논의는 전 지구적인 화두로 떠올랐다. 구글에서 'Peak Oil'이 포함된 문서를 검색하면 관련 문서가

2006년 11월 말 기준으로 최근 6개월 새 300만 개에서 600만 개로 늘어났다. 지금은 기업에 있는 이들도 석유 생산 정점에 깊은 관심을 갖고 그에 대한 대비책을 마련하는 데 신경을 쓰고 있다.

석유 생산 정점이라는 이슈를 전 지구적 화두로 만드는 데는 ASPO의 역할이 컸다. ASPO의 규모는 얼마나 되는가?

2001년 ASPO를 처음 창립할 때는 석유 생산 정점 문제를 고민하는 이들의 유럽 네트워크로 구상을 했다. 그러나 세계 각국의 연구자들이 ASPO의 일원이 되기를 원하면서 이제 이 모임은 전 세계적 네트워크가 되었다. 현재 총 19개 국가의 연구원들이 ASPO 네트워크의 일원으로 활동하고 있다.

ASPO는 각 나라에서 정치, 언론에 영향을 미치고 석유 생산 정점을 해결하기 위한 구체적 노력을 해야 한다. 이 때문에 ASPO에 가입하기를 희망하는 단체의 자격 요건도 임의 단체가 아닌 해당 국가의 법적 자격을 갖춘 단체로 제한하고 있다. 이는 이 조직이 단순히 석유 생산 정점에 관심 있는 소수의 동아리로 머무는 것을 막기 위한 장치다.

각국에서 ASPO의 활동과 위상은 어느 정도인가?

ASPO의 활동이 가장 활발한 국가는 오스트레일리아다. 오스트레일리아 ASPO에는 영향력 있는 정치인까지 참여하고 있다. 오스트레일리아 ASPO는 석유 생산 정점 문제를 해결하기 위해 생태적 접근 방식을 취하는 것으로도 유명하다. ASPO는 미국에서도 그 영향력을 확대하고 있는 중이다.

아시아 지역의 활동도 활발하다. 2006년 10월에 중국을 다녀왔는데 중국에서도 ASPO를 만들고자 하는 이들이 있다. 2007년 중에 공식적으로 중국 ASPO가 출범할 계획이다. 그중 몇 사람은 중국 정치에도 큰 영향력을 행사하는 이들이기 때문에 한국에서도 중국 ASPO의 활동을 주목할 필요가 있다.

한국에는 ASPO가 없지만 석유 생산 정점을 경고하는 목소리는 1990년대 후반부터 꾸준했다. 그러나 대중은 물론 정치인, 언론인의 관심도 거의 없다.

스웨덴에서 활동하는 내가 운이 좋다고 말해야 하나? 한국을 방문하기 직전에도 《뉴욕타임스》 기자가 인터뷰를 요청해 몇 시간 동안 전화로 석유 생산 정점 문제를 토론했다. 먼저 많은 사람이 오해하는 것부터 지적하자. 석유 생산 정점 자체는 특정한 입장에 기반을 둔 정치적 주장이 아니라 언젠가는 도래할 수밖에 없는 단순한 지질학적 현상이다.

이런 상황을 누구나 이해할 수 있도록 잘 보여 주는 것이 학자, 언론의 몫이다. 내가 즐겨 쓰는 비유는 바로 샴페인이다. 현재 이라크의 석유 매장량은 1000억 배럴 정도다. 이를 샴페인 한 병에 전부 다 담았다고 치자. 1000억 배럴짜리 샴페인 한 병을 다시 네 잔에 나눠 담는다면 한 잔에 250억 배럴 정도가 된다.

인류가 1년 동안 사용하는 석유의 양은 300억 배럴 정도다. 이라크에 매장된 석유로는 채 4년도 버티지 못하는 것을 쉽게 알 수 있다. 우리는 이런 식으로 이미 샴페인 11병을 비웠고, 냉장고에는 8병 정도가 남아 있다. 샴페인 19병 중 반 이상을 비워버린 것이 바로 석유 생산 정점이 다가오고 있는 현실과 같다.

앞으로 더 오랫동안 샴페인을 즐기기 위해서는 각 잔에 따를 수 있는 샴페인의 양을 줄일 수밖에 없다. 바로 석유 생산 정점이 오면 전 세계 석유 공급량이 줄어들 수밖에 없는 것과 똑같다. 석유 생산 정점이 닥치면 연간 2~3퍼센트씩 석유 공급량이 줄어든다. 물론 한국처럼 전량을 수입에 의존하는 나라는 훨씬 더 그 타격이 클 것이다.

석유 생산 정점의 시점을 50년 후로 늦춰 잡는 사람들은 냉장고에 채울 수 있는 샴페인 수가 ASPO에서 이야기하는 것보다 훨씬 더 많다고 주장하는데…….

맞다. 앞으로 냉장고에 새로 채울 수 있는 샴페인이 얼마나 더 많을지가 관건이다. 나와 ASPO는 최대 2병을 넘지 못할 것으로 전망한다. 미국 지질 조사국에서는 20병 이상 냉장고에 채울 수 있다고 주장한다. 과연 그럴까? 2005년 한 해 동안 얼마나 얻었는지 살펴보자. 고작 100억 배럴이다. 1년에 인류가 사용하는 양의 3분의 1 정도다.

현재 석유 매장량과 관련된 데이터는 공유되고 있다. 이런 상황에서 독립적인 연구자의 분석과 여러 가지 이해관계에 얽혀 있는 정부, 기업의 분석 중에서 뭐가 더 신뢰할 만한가? 한 가지만 덧붙이자. 실제로 미국 지질 조사국의 연구자도 개인적으로 만나서는 ASPO의 주장에 깊은 신뢰를 보낸다.

1960~1970년대에 나온 석유 생산 정점에 대한 전망이 틀렸던 것은 석유 기업이 석유 가격을 일정 수준으로 유지하기 위해 석유 발견 사실을 숨겼기 때문이다. 당시는 1년에 전 인류가 50억 배럴 정도를 사용할 때였는데 실제 발견한 양은 400억 배럴 정도였다. 석유 기업이 실제 수치를 발표했다면 석유 가격은 바닥으로 떨어졌을 것이다.

석유 기업은 더 이상 이럴 수 없다. 상황이 돌변했다. 새로 발견되는 석유의 양이 턱없이 부족하자 석유 기업은 규모가 작은 석유 기업을 사들이는 방법으로 가채 매장량을 늘리고 있다. 이런 식으로 주주를 속여왔다. 2년 전 석유 회사 로열더치셸이 총 가채 매장량의 20퍼센트 감소를 인정해 주식 가치가 25퍼센트나 떨어진 것은 실상을 잘 보여 주는 예다.

이런 경고에도 불구하고 한국은 유독 석유 시대에 낙관적인데…….

한국이 미국 에너지부의 강한 영향력 아래 있기 때문이다. 미국 에너지정보청은 나와 ASPO의 활동에 노골적인 반감을 가지고 있다. 이 에너지정보청의 정보에 한국은 너무 많이 의존하고 있다. 한 번 더 강조하지만 대학 교수인 내가 미국의 입김에 휘둘리지 않고 훨씬 더 정확한 이야기를 할 수 있다.

한국의 전문가에게 귀띔해 주고 싶은 게 있다. 2002년 국제 에너지 기구가 주최하는 에너지 엑스포가 있었다. 이런 곳에서 사적으로 만나는 미국의 에너지정보청 소속 전문가 중에는 ASPO의 의견에 공감을 표시하는 이들이 많다. 앞으로 수년이 지나면 과연 누구 말이 맞는지 증명이 될 것이다. 한번 두고 보자.

한국인은 지금 현재의 에너지 상황을 제대로 이해해야 한다. 한국에서는 하루에 원유를 200만 배럴 이상 수입하고 있다. 가장 큰 유조선이 실어 나를 수 있는 원유의 양이 200만 배럴인 것을 염두에 두면 매일 초대형 유조선이 한 척씩 한국으로 들어와야 한다는 이야기다. 유조선이 페르시아 만에서 한국까지 들어오려면 40일이 걸린다.

페르시아 만부터 한국까지 바다 위에 초대형 유조선 40대가 길게 떠 있는 게 현재의 상황이다. 만약 이런 공급에 차질이 생겼을 때 한국에서는 어떤 일이 발생할까? 석유 생산 정점은 바로 이런 과정에 큰 충격을 줄 것이다. 한국은 더 늦기 전에 장기적인 시간표를 놓고 에너지 문제에 접근해야 한다.

왜 이렇게 호들갑일까?

석유 생산 정점이 와서 석유 공급이 차질을 빚으면 도대체 세상에 무슨 일이 생길까? 2003년 가을, 태풍 매미가 휩쓸고 지나간 거제도에서는 며칠 동안 전기가 끊겼다. 업무가 중단되었을 뿐 아니라, 아파트에 사는 사람은 생활 자체가 고역이었다. 20층이 넘는 아파트는 물이 끊겼고 엘리베이터 역시 멈춰 서 계단으로 오르락내리락할 수밖에 없었다.

이런 사태가 계속된다면 그 결과는 상상을 초월한다. 앞에서 석유 공급이 차질을 빚으면 원거리로부터 사오는 먹을거리 공급부터 차단될 수 있음을 설명했다. 단지 먹을거리뿐이 아니다. 전 세계적으로 석유 공급이 차질을 빚을 경우 어떤 심각한 상황이 초래할 수 있는지를 확인하려면 1990년대 초의 쿠바로 눈을 돌리면 된다.

당시 쿠바는 사탕수수를 경작해 얻은 설탕을 수출하고, 석유·식량의 대부분을 수입하는 것으로 살림을 꾸려가고 있었다. 설탕 수출에만 의존하는 이런 무역 구조는 매우 기형적이었지만, 소련을 비롯한 사회주의 국가가 안정적인 무역을 보장해 주었기 때문에 큰 문제로 부각되지는 않았다.

그러나 1989년부터 사회주의 국가가 잇따라 붕괴하기 시작하면서 쿠바는 위기에 직면했다. 설탕을 비싸게 사고, 석유를 싸게 팔았던 소련이 사라지자 쿠바는 심각한 에너지난(難)에 처한다. 일단 석유 공급이 멈추자 공장이 문을 닫을 수밖에 없었다. 불과 수년 만에 공장의 80퍼센트가 폐쇄되었고 실업률이 급증했다.

가장 심각한 문제는 식량 고갈 사태였다. 식량, 비료, 농약 수입이 감소했을 뿐 아니라 석유가 없어서 트랙터와 같은 농기계를 사용할 수도 없었다. 그 결과 농업 생산은 계속 하락해 1994년에는 1990년 기준으로 55퍼센트까지 떨어졌다. 이런 농업 생산 하락은 비극의 시작이었을 뿐이다.

더 큰 문제는 따로 있었다. 시골에서 생산한 농산물을 인구 70퍼센트 가량이 모여 사는 도시로 이동할 방법이 없었다. 농산물의 저장, 운반을 다 석유에 의존해 왔으니 당연한 귀결이었다. 결국 농촌에서 생산한 농산물이 썩고, 아바나와 같은 도시에서는 사람들이 굶주리는 어처구니없는 상황이 발생했다.

쿠바의 예에서 보듯이 석유 생산 정점 사태가 도래하고 석유 공급이 감소하기 시작하면 우리 앞에는 전혀 다른 세상이 나타나게 된다. 석유 고갈 사태가 정치, 경제, 사회, 문화 전 영역에 걸쳐 어떤 영향을 줄지를 생각해 보자. 그 그림을 그리다 보면 우리가 석유에 얼마나 의존해 왔는지를 짐작할 수 있다.

읽을
거리

『석유 시대, 언제까지 갈 것인가』

이필렬, 녹색평론사, 2002년.

석유 시대가 과연 지속될 것인가, 이 문제를 다룬 책은 쉽지 않다. 2000년대 들어 국내에 많은 책이 쏟아져 나왔지만 여전히 선뜻 권할 만한 책은 손으로 꼽을 수밖에 없다. 이 책은 국내에서 '석유 시대의 종말'을 선언한 최초의 책이다. 석유 생산 정점 사태 관련 논의를 파악하고 싶은 이들은 앞부분만 읽어도 된다.

『파티는 끝났다』

리처드 하인버그, 신현승 옮김, 시공사, 2006년.

석유 생산 정점과 관련한 거의 모든 논의를 요령 있게 모아 놓은 책이다. 특히 석유 생산 정점 찬반 논란을 개괄하고 비판적으로 논평한 3장은 짧은 시간 안에 어느 쪽이 더 설득력이 있는지 판단할 수 있는 근거를 제공한다. 이 책을 읽으면 "수십 년 전에도 석유 고갈 사태를 경고했지만 아무 일 없었다."라는 이야기를 함부로 떠들 수 없을 것이다.

『생태도시 아바나의 탄생』

요시다 타로, 안철환 옮김, 들녘, 2002년.

1990년대 초반 위기에 직면한 쿠바가 위기를 어떻게 극복하는 지를 살핀 책이다. 위기에 직면한 쿠바는 도시, 도시 근교의 공터, 뒤뜰, 텃밭 등 농사를 지을 수 있는 모든 땅에서 유기농업으로 농산물을 생산하는 도시농업을 시작한다. 이른바 '푸른 혁명'이라 불리는 쿠바의 생태적 전환 과정은 석유 시대 이후를 어떻게 대비해야 하는지 하나의 본보기가 된다.

Chapter 2

세상이 변했다

우리가 해야 할 일은 두 가지다. 첫째, 능동적으로 대책을 세우고 둘째, 비상 재난에 대비하는 일이다. 생활 속에서 에너지 절약을 실천해 보자. 냉·난방 최소화, 대중교통 이용, 나무 심기 등 우리가 익히 알고 있는 것들이다. 우리 손자들도 개구리를 구경할 수 있도록 행동이 필요하지 않을까. —《매일경제》, 2007년 4월 13일

환경 단체 관계자의 글이 아니다. 기업의 논리를 대변하기로 유명한 한 언론의 과학 기술부장이 쓴 칼럼이다. 사정은 외국도 마찬가지였다. 2007년 5월, 영국 런던은 곳곳에서 지구 온난화에 따른 기후 변화를 우려하는 목소리로 넘쳐났다. 이런 분위기는 중앙 정부, 지방 정부의 정책에까지 영향을 줬다. 런던 시의 한 공무원은 이렇게 귀띔했다.

3선을 노리는 켄 리빙스턴(Ken Livingstone) 런던 시장의 정책에도 변화가 보인다. 언론, 대중이 기후 변화에 큰 관심을 보이자, 리빙스턴 시장은 그간 중요하게 추진했던 먹을거리 정책, 주택 정책보다는 기후 변화를 염두에 둔 정책으로 방향을 전환하는 모습을 보이고 있다. 기후 변화가 표심을 잡을 수 있을 것이라는 판단 때문이다.

도대체 무슨 일이 일어난 것일까? 국제 연합(UN) '기후 변화에 관한 정부 간 패널(Intergovernmental Panel on Climate Change, IPCC)'이 올해 2월부터 세 차례에 걸쳐 발표한 한 보고서의 충격은 이처럼 컸다. 이 보고서는 인간이 그간 배출한 이산화탄소(CO_2), 메탄(CH_4), 아산화질소(N_2O)와 같은 온실 기체가 지구 온난화를 일으켜 심각한 기후 변화를 낳는다는 결론을 내렸다.

할리우드 재난 영화 뺨치는 보고서

지구는 받아들인 태양 에너지를 이용해 자신을 데운 후 다시 우주로 되돌려 보낸다. 그러나 마치 온실의 유리가 들어온 태양 에너지의 상당 부분을 잡아 두는 것처럼 지구 대기의 온실 기체로 우주로 나가는 에너지의 일부를 잡는다. 지구 온도가 따뜻한 것은 바로 이 '온실 효과' 때문이다.

그러나 이렇게 유용한 온실 기체도 그 양이 갑자기 늘면 큰 문제다. 온실 기체가 잡는 에너지의 양이 많을수록 지구는 더 데워질 것이기 때문이다. 이런 일이 한 200년 전부터 시작되었다. 19세기를 전후해 이산화탄소와 같은 온실 기체의 양이 갑자기 증가했고 덩달아서 지구 기온도 오르기 시작했다.

지구 온난화의 추이가 심상치 않자 1992년 브라질의 리우데자네이루에서는 154개국 정상이 온실 기체 배출을 감축하기로 뜻을 모으고 기후 변화 협약에 서명을 했다. 바로 이 기후 변화 협약을 끌어내는 데 큰 역할을 한 것이 바로 IPCC가 1990년 펴낸 첫 번째 기후 변화 보고서다. 그리고 이번에 IPCC는 17년 만에 네 번째 기후 변화 보고서를 펴냈다.

IPCC의 네 번째 기후 변화 보고서의 내용은 할리우드 재난 영화를 뺨친다. 그 내용을 살펴보면, 앞으로 20~30년간은 온실 기체 배출량과 상관없이 지구 온도는 10년마다 약 0.2도씩 상승한다. 이미 많은 온실 기체를 배출한 상태이기 때문에 지금부터 온실 기체 배출을 멈춘다고 하더라도 지구 온난화가 야기하는 기후 변화를 막을 수는 없다.

지금처럼 온실 기체를 배출한다면 21세기 말에는 20세기 말과 비교했을 때 지구 온도는 최대 6.4도가 증가한다. 이렇게 지구 온도가 오르면 그 효과는 상상을 초월한다. 2040~2050년에 지구 온도가 1.5~2.5도 상승한다면 지구상의 동·식물 가운데 양서류를 포함한 20~30퍼센트가 멸종 위기에 처한다. 그리고 21세기 말에는 지구상의 생물 대부분이 멸종할지 모른다.

지구 온도가 올라가면 극지방의 빙하도 녹아내려 해수면이 상승한다. 역시 지금처럼 온실 기체를 배출한다면 21세기 말에는 해수면이 무려 59센티미터 상승한다. 지구 온도가 20세기 말과 비교했을 때 3도 이상만 올라도 해수면 상승으로 전 세계 해안의 30퍼센트 이상이 사라진다. 매년 수백만 명이 홍수 위험에 노출된 채 살아가야 한다.

아프리카와 같은 저위도의 건조 지역에서는 1~2도의 기온 상승에도 농작물 수확량이 크게 감소해 기아 위험이 커진다. 가뭄의 영향을 받는 지역도 늘어나 아프리카는 2020년까지 최대 2억 5000만 명이 물 부족에 시달릴 가능성이 크다. 이처럼 기후 변화는 주로 아프리카, 동남아시아에 위치한 가난한 나라를 더욱더 곤란한 지경으로 몰 전망이다.

그렇다고 이른바 '북반구'라 불리는 비교적 고위도 지역에 위치한 부자 나라가 영향을 덜 받지는 않는다. 특히 말라리아와 같은 전염병이 고위도 지역까지 확산할 가능성이 있다. 이미 이런 일은 현실이 되고 있다. 말라리아가 없어졌거나 아직 발생한 적이 없던 지역에서 말라리아가 다시 둥지를 틀고 있기 때문이다.

한반도도 이런 피해를 피해 갈 수 없다. 기상청은 기후 변화의 결과로 2100년에는 한반도 중·남부 지역에서 겨울이 사라질 것으로 전망했다. 이렇게 4계절이 3계절로 바뀌면 급격한 환경 변화에 따른 농업, 어업의 타격이 불가피하다. 해수면이 상승하면서 국토가 축소될 가능성도 있다. 군산, 목포 일부, 북한의 남포, 신의주 일대는 침수가 예상된다.

사실 이런 식의 경고는 그동안 수차례 있었다. 많은 이들은 인간 활동으로 대기 중에 방출된 이산화탄소와 같은 온실 기체가 지구를 데우고 있다는 사실을 상식처럼 알고 있다. 그러나 그간 사정은 그렇게 간단치 않았다. 이른바 '회의주의자'라 불리는 과학자와 그들을 최대한 활용한 기업은 이런 경고를 환경 단체의 정치 선전으로 치부했다.

이번 보고서는 그간의 반응을 의식한 듯 인간이 소비한 화석 연료 탓에 지구 온난화가 초래했을 가능성은 "90퍼센트 이상"으로 "아주 높다."라고 강조했다. 6년 전 세 번째 보고서에서 인간 활동이 원인일 가능성이 "66퍼센트 정도"라고 조심스럽게 전망한 것과 비교해보면 큰 차이다. 물론 지구 온난화 역시 논란의 여지가 없을 정도로 "명백하다(unequivocal)."라고 강조했다.

이번 발표가 지구 온난화에 대한 수십 년의 논쟁을 마무리하는 것으로 받아들여지는 것도 이 때문이다. 앞에서 언급한 한 언론의 과학 기술부장도 이런 사정을 의식한 탓인지 다음과 같이 당혹스러움을 토로했다.

> 그런데 어쩌랴. 전 세계 130여 개국의 내로라하는 과학자 2,500여 명이 참여해 6년에 걸쳐 집대성한 보고서를 받아들이지 않을 재간이 없다.

그러나 문제는 여전히 남는다. 이렇게 과학계에서 거의 합의에 도달했음에도 정작 한국을 비롯한 대다수 국가의 반응은 미지근하다. 지금 경제활동을 하는 인구가 역사 속에서 사라지기도 전에, 불과 수십 년 후에 지구가 결딴날지 모른다는 경고가 나왔는데도 대다수 사람들은 태평할 뿐이다. 이것은 국민 연금을 둘러싼 논란과 비교해 보면 잘 알 수 있다.

다들 2050년에 국민 연금 기금이 고갈될 것이라는 정부의 협박에는 귀를 솔깃하면서도 정작 그 국민 연금으로 살아가야 할 터전이 송두리째 흔들릴지 모른다는 경고는 모르쇠로 일관한다. 2050년이면 당장 지금의 20~30대가 60~70대로, 요즘 유행하는 말로 '제2의 인생'을 살고 있을 때인데 말이다.

불편한 진실, 누가 외면하나

앨 고어(Al Gore) 전 미국 부통령은 자신의 강연을 영화로 만든 『불편한 진실(An Inconvenient Truth)』에서 사람들이 이렇게 지구 온난화의 심각성을 인식하지 못하게 된 중요한 이유를 석유, 석탄 등 화석 연료를 이용해 돈벌이를 하는 기업과 그와 유착한 정치인의 탓으로 돌렸다. 그들이 정부 정책과 언론 보도를 어떻게 자신에게 유리한 쪽으로 요리하는지는 고어 전 부통령이 영화에서 드는 몇 가지 예만 보면 잘 알 수 있다.

세계적인 과학 잡지 《사이언스》의 도널드 케네디 편집장은 "과학계에서 지구 온난화만큼 완벽하게 의견이 일치한 주제를 찾기란 거의 불가능하다."라고 공언했다. 실제로 1995~2005년 《네이처》, 《사이언스》 등에 발표되었던 지구 온난화에 관한 논문 중에서 918편(10퍼센트)을 무작위로 선택해 살펴보니, 지구 온난화에 이견을 제기한 것은 단 한 편도 없었다.

반면 비슷한 기간 동안 《뉴욕타임스》, 《워싱턴포스트》, 《월스트리트저널》에 실린 이 문제에 관한 기사 중에서 636건(18퍼센트)을 무작위로 선택해 살펴보니, 무려 53퍼센트가 지구 온난화에 의심을 드러냈다. 실제로 요즘에도 이런 언론에 지구 온난화를 의심하는 기사가 실렸다는 소식을 종종 접할 수 있다.

이런 큰 차이는 석유, 석탄 업계가 쏟아 부은 돈의 위력 탓이다. 1997년《월스트리트저널》등이 보도한, 110명의 '세계적인 기후학자'가 서명했다는 한 선언문(「라이프치히 선언문」)은 그 단적인 예다. 그러나 정작 이 선언문에 서명한 110명의 명단을 확인해 보니 기후학자는 단 한 명도 포함되어 있지 않았다. 심지어 서명자 가운데 25명은 텔레비전 기상 캐스터였다.

그러나 이 엉터리 선언문은《월스트리트저널》과 같은 언론에 크게 보도되었을 뿐 아니라, 심지어 미국의 상·하원에도 권위 있는 대기과학자의 의견이라며 제출되었다. 바로 정치인에게 막대한 정치자금을 대는 석유, 석탄 기업이 일부 과학자를 내세워 이런 선언문을 발표하게 한 후 언론인, 정치인이 비중 있게 취급하도록 손을 쓴 것이다.

어처구니없는 일은 이뿐이 아니다. 미국의 부시 대통령은 2001년 6년간 미국 석유 협회와 함께 지구 온난화 주장을 흠집 내는 캠페인을 벌여 온 필립 쿠니(Philip A. Cooney)를 백악관 환경 담당 보좌관으로 임명했다. 쿠니는 4년이 넘도록 지구 온난화의 부정적인 면이 언급된 보고가 올라오기만 하면 삭제하곤 했다.

결국 이런 행동은 내부의 양심적인 고발자에 의해 언론에 폭로되었다. 쿠니는 환경 담당 보좌관 자리에서 불명예스럽게 물러나야 했다. 그러나 그는 사임한 지 보름 만에 미국의 석유 기업 엑손모빌로 출근했다. 그가 환경 담당 보좌관으로 재직하는 동안 부시는 계속 지구 온난화를 막기 위한 범지구적 노력에 찬물을 끼얹어 왔다.

사실 고어 전 부통령의 과거 행보 역시 떳떳하지 못하다. 그가 지금은 부시를 강하게 비판하지만 정작 1997년 미국이 기후 변화 협약「교토 의정서」를 거부할 때, 미국의 부통령은 바로 자신이었다. 기후 변화 협약「교토 의정서」는 2008년부터 2012년까지 미국의 배출량을 1990년과 비교했을 때 7퍼센트 감축할 것을 강제하는 내용을 포함하고 있었다.

당시 그는 현직 부통령으로서 지구 온난화의 위험성을 유창한 능변으로 강조하면서도 정작 클린턴 정부가 적극적으로 이 문제에 대처하도록 하는 데는 소극적이었다. 고어 전 부통령은「교토 의정서」에 미국이 동참하지 못하게 된 책임을 공화당과 무관심한 대중 탓으로 돌리면서 기업이 원하는 대로 정책을 유지하는 데 이바지했다.

홍보학자 필립 레슬리(Philip Lesly)는 "주장이 양쪽으로 고르게 분포되어 있는 상황에서 일반적으로 사람들은 행동에 나서지 않는다."라며 "당면한 문제가 행동이 필요한 명백한 상황이 아니라는 것을 보여줌으로써 대중이 의심하도록 만드는 것만으로도 충분하다."라고 주장했다. 기후 변화를 둘러싼 석유, 석탄 기업은 바로 이 말을 그대로 실천했고, 성공했다.

계속되는 사기극

이런 사실을 염두에 두면 보통 언론을 통해 접하는 기후 변화와 관련된 정보는 실제보다 과장되었기는커녕 축소되었을 가능성이 크다. IPCC의 네 번째 보고서가 발표되는 과정을 살펴보자. 지난 4월 6일 벨기에 브뤼셀에서 발표된 기후 변화가 어떤 영향을 초래할지 따져 본 보고서는 예정 시간보다 약 세 시간이나 지난 후에 발표되었다.

미국, 중국, 사우디아라비아, 러시아 등이 보고서의 내용이 너무 세다며 제동을 걸었기 때문이다. 이 나라들은 이 보고서가 기후 변화가 초래할 최악의 상황을 묘사할 때 사용한 표현을 문제 삼으며 수위를 낮출 것을 요구했다. 심지어 "인간이 소비한 화석 연료로 지구 온난화가 초래되었을 가능성이 90퍼센트 이상"이라는 과학자의 경고 수위를 낮춰줄 것을 요구했다.

실제로 이들의 반발로 IPCC의 이 보고서는 처음 내용과 비교했을 때 위험이 닥치는 시기, 피해 규모 등 구체적인 내용이 누락된 채 공개되었다. 잘 알다시피 미국, 중국은 전 세계에서 온실 기체를 가장 많이 배출하는 나라이고 사우디아라비아, 러시아는 석유를 가장 많이 생산하는 대표적인 산유국이다.

보고서가 발표되자마자 미국, 중국이 보인 반응은 더욱 가관이다. 미국은 "온실 기체 배출량에 대해 어떤 규제도 가하지 않을 것이라는 원칙에 변함이 없다."라며 석유, 석탄 기업을 안심시켰다. 중국역시 "앞으로 온실 기체 배출량을 줄일 계획이지만 선진국에 비해 자본, 기술이 열세"라며 지구 온난화 대응에 적극적으로 나서지 않을 것임을 밝혔다.

한국 역시 상황이 다르지 않다. 현재 한국은 2005년 2월부터 발효된 기후 변화 협약「교토 의정서」의 온실 기체 의무 감축 대상국에서 빠졌다는 핑계를 대며 각국 정부의 눈치만 살필 뿐 지구 온난화 대응에 적극적으로 나서지 않고 있다. 현재 한국의 이산화탄소 배출량은 4억 4800만 톤으로 세계 10위 수준이다.

국제에너지기구의 통계를 보면 지난 1990년에서 2004년 사이에 한국은 이산화탄소 배출량이 무려 104.6퍼센트 증가했다. 1990년에 비해 두 배 가까이 증가한 것이다. 같은 기간 유럽 연합은 불과 1.6퍼센트 증가했고, 일본은 14.8퍼센트 증가한 데 그쳤다. 심지어 미국조차 19.8퍼센트 증가에 그쳤다. 경제 협력 개발 기구(OECD) 국가들 중 최대 증가율을 보인 것이다.

에너지경제연구원의 한국의 온실 기체 배출 전망을 보면, 별도의 노력이 없으면 2030년에는 2005년과 비교했을 때 온실 기체 배출량이 60퍼센트 정도 증가할 것으로 내다봤다. 유럽 연합이 온실 기체를 감축하기 위해 기울이는 노력을 염두에 두면, 2030년에는 한국은 1인당 온실 기체 배출량이 유럽 연합의 두 배에 이를 전망이다.

이런 상황에서 2008년부터 기후 변화 협약「교토 의정서」의 1차 감축 기간이 시작된다. 한국은 2013년부터 시작되는 2차 감축 기간에 온실 기체 의무 감축 대상국이 될 가능성이 크다. 그간 이에 대비한 준비에 소홀했던 한국으로서는 전 산업에 걸쳐서 큰 충격이 올 수밖에 없다. 그 피해는 결국 고스란히 국민이 감당할 고통으로 다가올 것이다.

회의주의자의 주장을 검증하는
네 가지 방법

한국에서는 앞에서 잠시 언급했던 지구 온난화에 따른 기후 변화의
가능성을 부정하는 이들이 여론에 큰 영향을 발휘하고 있다. 그 중
에서 가장 큰 영향을 끼친 이는 『비판적 환경주의자』라는 책을 펴
낸 중앙 대학교 이상돈 교수다. 그는 법학을 전공했지만 "역사, 문
명, 환경에 관한 책 읽기"를 좋아한 탓에 환경 문제를 놓고 독특한
견해를 펴고 있다.

이런 이상돈 교수에게 큰 영향을 준 책이 바로 2001년 영어로
번역되어 세계적으로 큰 논란이 된 덴마크 코펜하겐 대학교의 비
욘 롬보크(Bjøn Lomborg) 교수의 『회의적 환경주의자(The Skeptical
Environmentalist)』다. 통계학자인 롬보크 교수는 이 책에서 "환경은
환경주의자의 주장처럼 악화되고 있는 게 아니라 점점 나아지고 있
다."라고 주장했다.

롬보크 교수는 이 책에 이어 '냉정하라'라는 뜻의 『쿨잇(Cool It)』
을 2007년 9월 출간했다. 지구 온난화 경고자를 조롱하는 제목에
서도 알 수 있듯이 이 책은 『회의적 환경주의자』를 잇는 주장이 담
겨 있다. 한국에서도 롬보크 교수의 이 책은 2008년 7월에 소개되
었다. 여기서는 이런 회의주의자의 주장을 어떻게 독해할지 따져
보지 않을 수 없다.

우선 회의주의자들이 그럴 듯한 주장을 사람들이 펼칠 만한 훈련이 되어 있는지 따져 봐야 한다. 그렇지 않으면 텔레비전 기상 캐스터의 주장을 마치 저명한 기후학자의 주장처럼 오인할 가능성이 크기 때문이다. 오죽하면 과학계에서 이런 농담이 오고가겠는가? "지구 온난화 걱정을 할 필요가 없다고 생각하는 과학자? 물론 있다. 전 세계에서 6명 정도!"

이런 사정을 염두에 두면 롬보크 교수의 주장은 비판적으로 볼 필요가 있다. 그는 통계학을 전공한 이로서 대기학, 기후학, 환경학과 연관된 어떤 분야에서도 논문을 학술 잡지에 발표하거나 독창적인 연구를 수행한 적이 없는 인물이다. 훌륭한 독자라면《네이처》,《사이언스》에 실린 책임 있는 논문과 롬보크 교수의 주장 중에서 무엇을 신뢰할지 판단해볼 일이다.

실제로 롬보크 교수도 『회의적 환경주의자』에서 환경을 다룬 대다수의 연구가 "대체로 균형 잡혀 있다."라고 실토하고 있다. 이것은 롬보크 교수의 책을 국내에 처음 소개한 세민환경연구소 홍욱희 소장을 보면 알 수 있다. 환경학을 전공한 홍 소장은 최근 펴낸 『위기의 환경주의 오류의 환경 정책』에서 정부의 기후 변화 정책을 비판할 뿐, 지구 온난화에 따른 기후 변화와 대응의 필요성을 부정하지는 않는다.

두 번째, 이런 도발적인 주장은 그 근거를 꼼꼼히 따져 봐야 한다. 지구 온난화에 따른 기후 변화 문제는 찬반 양쪽을 뒷받침하는 수많은 연구 결과가 있다. 그중 한 가지 연구 결과만을 제시하면서 주장을 펼친다면 그것을 신뢰할 수는 없다. 지구 온난화에 따른 기후 변화를 부정하는 회의주의자들은 이런 식으로 언론, 대중을 선동한다.

이상돈 교수도 마찬가지다. 그는 『비판적 환경주의자』에서 지구 온난화에 따른 해수면 상승으로 나라 전체가 물에 잠길 위기에 처했다는 남태평양의 투발루를 놓고 다른 주장을 편다. 그는 오스트레일리아 플린더스 대학교 국립 조수 연구소가 2002년 3월 발표한 연구 결과를 인용해 "투발루의 해수면 상승이 가속화하고 있다는 증거가 없다."라고 주장한다.

그러나 이 국립 조수 연구소의 연구 결과는 과학계에서 그 신뢰를 의심받으며 많은 논란에 휩싸였다. 이 연구소는 해수면 상승의 장기적인 경향을 파악할 수 있는 충분한 기간(30년~50년)의 데이터를 대상으로 연구하지 않았다. 또 의도적으로 해수면이 비정상적으로 낮았던 기간의 데이터를 취했을 가능성까지 제기되었다.

세 번째, 이해관계를 따져 봐야 한다. 지구 온난화에 따른 기후변화 문제는 큰 이해가 걸려 있다. 이렇게 찬반에 따른 이해관계가 명확한 경우에는 혹시 한쪽 입장을 강하게 지지하는 전문가의 뒤에 이해 당사자가 있지는 않은지 확인해 봐야 한다. 지구 온난화를 반대하는 전문가가 석유, 석탄 기업으로부터 막대한 돈을 지원받는다면 주장의 신빙성을 강하게 의심해 볼 필요가 있다는 것이다.

실제로 교수 직함을 달고 있는 기후학자, 환경학자 중에서 지구 온난화를 반대하는 대표적인 전문가 대다수가 이런 처지에 놓여 있다. 이상돈 교수도 즐겨 인용하는 버지니아 대학교 패트릭 마이클스(Patrick Michaels) 교수도 그런 인물이다. 그는 기업이 자금을 대는 캠페인의 자문위원이며, 실제로 수십만 달러를 석유, 석탄 기업으로부터 받아 왔다.

마이클스 교수와 관련해 최근 국내에도 소개된 『거짓 나침반 (*Trust Us, We're Experts!*)』은 낯 뜨거운 일화를 소개하고 있다. 1998년 《뉴욕타임스》는 석유 기업이 돈을 대는 미국 석유 연구소의 홍보 책임자의 8쪽짜리 비망록을 공개했다. 이 비망록은 "기후 변화 논쟁에 가담하면서 오랫동안 대중에게 노출된 적이 없는" 과학자 영입의 필요성을 강조하고 있다.

> 새로운 얼굴이 필요했다. 산업계가 오랫동안 활용해 온 과학계의 앞잡이들, 마이클스, 로버트 볼링(Robert Balling), 셔우드 이드소(Sherwood Idso), 싱어(Siegfried Frederick Singer) 등이 기자에게 신뢰를 잃었기 때문이다. 비망록은 2년 동안 500만 달러를 들여 '우리의 것과 일치된 과학적 견해가 의회, 언론, 주요 청중에게 미치는 영향을 최대로 끌어 올리자'고 제안했다. ─『거짓 나침반』, 406쪽

마지막으로 도발적 주장이 담긴 책을 읽을 때는 그 책이 진짜로 목표로 하고 있는 게 무엇인지를 따져 물어야 한다. 롬보크, 이상돈 교수의 책이 공통적으로 겨냥하고 있는 것은 바로 환경 운동이다. 노골적으로 환경 운동을 적대시하는 이상돈 교수의 책뿐 아니라, 롬보크 교수도 환경 운동이 빈곤 문제와 같은 더 시급한 문제의 해결을 막고 있다고 지적한다.

그러나 과연 그럴까? 혹시 이들은 현실에 존재하지 않은 '거대한 권력'을 상정해 놓고 공격하고 있는 것은 아닐까? 실제로 환경

운동이 빈곤 문제와 같은 시급한 문제의 해결을 감히 가로막을 정도로 힘이 세다면, 전 세계에서 발생하는 크고 작은 환경 문제 앞에 발만 동동 구르는 현실의 환경 운동의 모습을 이해할 수 없다.

더 나아가서 이들은 진짜 빈곤 문제와 같은 시급한 문제의 해결을 가로막는 진짜 적들은 언급하지 않는다. 단적으로 롬보크 교수는 제3세계로부터 자원을 약탈해 빈곤 문제를 확대하고, 제3세계의 농업을 파괴함으로써 식량 문제를 악화하는 기업의 문제를 침묵한다. 또 정작 기업을 위한 보조금, 막대한 국방비 지출은 문제 삼지 않는다.

이런 점을 염두에 두면 롬보크 교수나 그에 의지해 회의주의자를 자처하는 이상돈 교수의 진짜 의도가 무엇인지 알 수 있다. 그들은 대중에게 진실을 알려 준다며 환경 운동에 책임을 묻고 있다. 그 과정에서 진짜 문제의 원인은 슬며시 자취를 감춘다. 그 결과 기업이 지배하는 세상은 그대로 남는다. 자, 이상돈 교수가 에너지 문제를 어떻게 보는지 살펴보자.

> 헨리 포드의 증손자이며 포드 자동차의 회장인 빌 포드는 포드의 미래를 하이브리드 자동차에 걸겠다고 2월 6일자 《타임》에서 밝혔다. 이 큰 변화도 시장의 힘과 기술력에 의한 것이니, 새삼 시장과 기술의 위력을 느끼게 된다. 세상을 바꾸는 것은 시장과 기술이지 규제와 운동이 아니라는 말이다. ─『비판적 환경주의자』, 247쪽

불확실한 증거

롬보크 교수의 주장 중에도 고개를 끄덕일 만한 대목이 있다. 바로 충분한 정보에 근거한 정책 결정을 위해서는 정확한 정보가 중요하다는 지적이다. 지구 온난화에 따른 기후 변화 문제와 같은 환경 문제가 실제보다 더 과장되어 있어서 한정된 자원이 실제로 더 중요한 문제에 쓰이지 못 한다면 큰일이다. 다음의 두 글을 읽어 보자.

드디어 과학의 자리를 상상력과 보수주의로 대체하려는 시도는 끝이 났다. '회의적 환경주의자'에게 재갈을 물린 것은 지구를 오랫동안 관찰해 온 과학자 집단이다. IPCC는 2007년 들어 네 번째 기후 변화 보고서를 순서대로 발표하였다. (……) 국제 사회에서 그 어떤 국가와 단체도 IPCC의 과학적 권위를 능가할 순 없다. IPCC가 어떤 단체인지를 가장 잘 설명하는 표현은 IPCC 홍보물 표지를 장식했던 "2500, 800, 450, 130, 6"이란 숫자다. 6년 동안 130개국에서 450명의 주요 저자와 800명의 분야별 기여 저자, 그리고 2,500명의 기후 변화 전문가들의 검토를 거친 결과물이 바로 올해 발표된 IPCC의 네 번째 기후 변화 보고서다. 이상훈, 「지구 온난화와 한국의 책임」, 《환경과생명》, 2007년 여름호(52호), 99쪽

IPCC의 보고서의 발간이 곧 온실 기체 배출 증가가 지구 온난화를 일으키고 대규모 환경 재앙으로 이어질 것이라는 주장을 '과학적 진실'로 보증하는 것은 아니다. 과학적 불확실성은 온실 기체 배출의 증가가

어느 정도로 그리고 얼마나 빠른 속도로 그와 같은 효과를 나타낼 것인지에 있다. (……) 이와 같은 불확실성에도 기후 변화 협약을 체결하고 「교토 의정서」를 발효할 수 있었던 것은 정책의 기조로 '사전 예방 원칙 (precautionary principle)'이 받아들여졌기 때문이다. 여전히 많은 불확실성이 존재하지만 불확실성이 해소되기를 기다리기보다는 우선 가치 판단과 사회·정치적 선택을 내려 온실 기체 배출 감축이라는 정책 행동을 취하기로 한 것이다. — 김상현, 「기후 변화의 과학과 정치: 또 다른 불편한 현실들」, 《크로스로드(crossroads.apctp.org)》, 2007년 9월호

두 글 모두 지구 온난화의 잠재적 위험이 아주 크고 이에 대응하기 위해 행동이 반드시 필요하다는 데는 이견이 없다. 그러나 현대 과학 기술의 불확실성을 어떻게 볼지를 놓고는 상반된 입장을 취한다. 앞의 글이 더 많은 과학 활동이 불확실성을 없앨 것이라는 입장을 취한다면, 뒤의 글은 불확실성은 과학 기술의 불가피한 속성이라고 여긴다.

바로 이런 대립 지점에서 현대 과학 기술을 둘러싼 심각한 문제가 발생한다. 지구 온난화에 따른 기후 변화 문제에 대응할 때, 그것의 근거가 되는 과학은 애초 불확실성을 가질 수밖에 없다. 그렇다면 모두가 수긍할 만한 확실한 증거가 확보될 때까지 기다릴 것인가? 아니면 민주주의에 따른 합의 과정을 거쳐 불확실한 증거라도 대응에 나설 것인가?

또 양측의 입장이 가져야 할 현대 과학 기술을 바라보는 태도는 무엇이 되어야 할 것인가? 바로 이것이 '정책을 위한 과학(science for policy)'을 둘러싼 중요한 쟁점이다. 변종 크로이츠펠트야코프 병

(vCJD, 인간광우병), 지구 온난화에 따른 기후 변화, 유전자 조작 식품 등을 둘러싼 논란이 끊이지 않는 것도 이 때문이다. 자, 당신은 어떤 입장을 취할 것인가?

『불편한 진실: 앨 고어의 긴급 환경 리포트』
앨 고어, 김명남 옮김, 2006년.

　지구 온난화에 따른 기후 변화 문제를 둘러싼 가장 최신의 정보
를 짜임새 있게 집대성한 책이다. 원래 앨 고어 전 부통령의 강연을
토대로 구성했기 때문에 단숨에 읽기 쉽다. 이 책이 부담된다면 동
명의 영화를 봐도 좋다. 앞에서 던진 질문을 염두에 둘 때, 앨 고어
전 부통령이 현대 과학 기술의 불확실성에 어떤 입장을 취하고 있
는지 따져 보는 것도 흥미롭다.

『거짓 나침반: 거대 기업과 전문가들은 어떻게 정보를 조작하는가』
셀던 램튼·존 스토버, 정병선 옮김, 시울, 2006년.

　기업과 그에 유착한 이른바 '전문가'가 어떻게 현대 사회의 중
요한 문제를 둘러싼 진실을 왜곡하는지를 꼼꼼히 추적해 폭로하는
책이다. 책을 읽다 보면 기후 변화 문제는 물론이고 다른 수많은 문
제들과 관련한 기업이 주도하는 거짓말에 혀를 내두르게 된다. 이
책의 결론에 제시된 과학을 바라보는 태도가 『불편한 진실』과 어떻
게 다른지도 비교해 보라.

『지구의 미래로 떠난 여행』

마크 라이너스, 이한중 옮김, 돌베개, 2006년.

지구 온난화를 둘러싼 여러 가지 문제를 심각하게 인식하지 못
하는 가장 큰 이유는 그것을 바로 나의 문제로 생각하지 못하는 탓
이다. 이 책은 투발루, 영국, 미국, 중국, 알래스카 등 세계 각국을
돌아다니며 지구 온난화가 초래했을 가능성이 큰 기후 변화의 최
전선을 찾아다니며 현장의 목소리를 전한다. 그 목소리는 앞으로
나와 이웃의 것이 될 수 있다.

Chapter 3

난방이 필요 없는 집

독일 하노버(Honnover)는 '박람회의 도시'다. 매년 3월에 열려 정보통신의 흐름을 한눈에 파악할 수 있게 하는 '세빗(Cebit)'은 유명하다. 2000년에는 새 밀레니엄을 맞아 세계 최대의 박람회 '하노버 엑스포 2000'이 열려 주목을 받기도 했다. '인간, 자연, 기술'을 주제어로 열린 이 박람회는 두고두고 자랑할 만한 선물을 하노버에 안겨 주었다. 바로 크론스베르크(Kronsberg) 지역의 변모다.

하노버 남동쪽 높은 지대에 위치한 크론스베르크는 1990년대 중반까지는 독일 중부 지방에서 흔히 볼 수 있는 밀, 사탕수수 밭이 있었을 뿐이다. 그러나 지금 이곳은 독일에서 손꼽히는 생태 마을로 탈바꿈했다. 2000년 박람회의 주제어대로 '인간, 자연, 기술'이 어우러지는 곳으로 바뀐 것이다. 1만 5000명의 주민이 살도록 설계된 크론스베르크는 그 세 가지 개념을 매개하는 고리로 태양 에너지를 선택했다.

난방이 필요 없는 집, 패시브 하우스

생태 마을 크론스베르크의 상징은 바로 다양한 생태 건축이다. 크론스베르크에서 가장 눈에 띄는 주택은 자연 상태의 태양 에너지 외에는 따로 난방이 필요 없도록 지은 '패시브 하우스(passive house)'다. 이패시브 하우스는 독일, 스위스 등을 중심으로 널리 확산되고 있다.

패시브 하우스는 에너지를 아주 적게 사용하는 주택이다. 이 집은 난방을 할 때 쓰이는 에너지가 연간 15킬로와트시/제곱미터(kWh/m2)를 넘지 않게 설계된다. 이 수치는 보통 집에서 쓰이는 난방 에너지의 10퍼센트 수준에 불과하다. 1990년대 중반 이전 독일에서 지어진 집의 연간 난방 에너지 소비량이 200킬로와트시/제곱미터 정도라는 것을 염두에 두면 사실상 난방을 하지 않는 셈이다.

한국보다 훨씬 햇빛이 덜 드는 크론스베르크에서 이렇게 난방 에너지를 절약하는 게 어떻게 가능할까? 기본 원리는 간단하다. 해가 비칠 때 가능한 한 많은 햇빛을 받아들여 집을 데운 후, 그 열을 가능한 한 적게 밖으로 내보내도록 한 원리다. 집으로 들어온 햇빛 하나도 허투루 버리지 않는 에너지 절약 정신이 곳곳에 묻어 있는 것이다.

우선 크론스베르크의 모든 집은 남향으로 짓는다. 햇빛을 집 내부로 받아들이기 위해 남쪽으로 난 커다란 창은 기본이다. 문제는 이렇게 받아들인 햇빛으로 확보한 열을 외부로 빼앗기지 않는 것이

크론스베르크의 패시브 하우스, 패시브 하우스는 '단열'이 가능한 3중창을 사용한다.

크론스베르크 난방의 50퍼센트를 책임지는 태양열 집열판

다. 바로 여기에서 '단열' 기술이 힘을 발휘한다. 바닥, 지붕, 벽, 창틀은 물론 유리까지 단열을 고려한 것이 쓰인다.

단열을 위해 쓰이는 '3중 유리'는 그 한 예다. 유리 사이에는 공기 대신 아르곤(Ar), 크세논(Xe)이 주입된다. 아르곤, 크세논은 공기보다 열전도율이 낮다. 크론스베르크의 홍보를 담당하는 카린 엥앨케(Karin Engelke) 씨는 "3중 유리를 사용할 경우 대기가 영하 10도일 때 집 안은 영상 17.3도를 유지할 수 있다."라고 설명했다.

냉방도 필요 없다

이렇게 열을 가둬 두면 환기는 어떻게 할까? 따로 난방을 하지 않는 패시브 하우스다 보니 추운 겨울에 환기를 위해 창을 잠시만 열어도 집안의 온도는 급격히 내려갈 수밖에 없다. 그렇다고 겨울철 내내 신선한 공기를 포기하며 살 수도 없는 일이다. 패시브 하우스는 별도의 환기 장치를 통해 이 문제를 해결했다.

패시브 하우스의 지붕에는 두 개의 관이 있다. 하나는 바깥으로 실내 공기를 내보내는 관이고, 다른 하나는 바깥의 신선한 공기를 안으로 들여오는 관이다. 바깥 공기도 그냥 들어오지 않는다. 열 교환기를 통해 밖으로 나가는 실내 공기로부터 빼앗은 열로 데워진 뒤 실내로 들어온다. 0도의 실외 공기는 열 교환기를 거치면 18도가 된다.

엥앨케 씨는 "이런 패시브 하우스는 여름에도 따로 냉방을 할 필요가 없다."라고 설명했다. 크론스베르크의 패시브 하우스는 태양의 고도가 높은 여름에는 안으로 들어오는 햇빛이 적어지도록 설계했다. 집을 둘러싼 단열재는 바깥의 뜨거운 열기가 안으로 들어오는 것도 막는다. 더운 여름에 찬물을 단열재로 감싸 두면 그 상태를 유지하는 것과 같은 원리다.

이런 패시브 하우스의 가격은 얼마나 될까? 엥엘케 씨는 "새로 지어진 같은 넓이의 주택보다 10퍼센트 정도 비싸다."라며 "이 정도라면 난방비로 수년 내 회수가 가능하다."라고 설명했다. 가격 차이가 크지 않은 데는 단열재, 환기 장치를 설치하는 데 비용이 더 드는 대신, 난방 장치를 설치하는 비용이 들지 않기 때문이다.

현재 독일에는 1만 가구의 패시브 하우스가 있다. 독일에서는 패시브 하우스를 짓는 건축 회사에 중앙 정부, 지방 정부의 보조금이 지급된다. 엥엘케 씨는 "2007년 1월 현재 크론스베르크에 있는 패시브 하우스는 32가구이며 앞으로 더 늘어날 것"이라며 "패시브 하우스에 대한 관심도 증가하고, 값싸고 효율이 높은 단열 기술도 등장하고 있다."라고 덧붙였다.

꼭 필요한 난방은 태양 에너지

물론 난방이 필요한 집도 있다. 이렇게 난방이 필요한 집에서는 태양열을 이용해 필요한 에너지의 절반을 얻는다. 크론스베르크의 106가구에는 태양열 집열판이 설치되어 있다. 태양열 집열판은 햇빛을 받아 에틸렌글리콜과 같은 부동액이 첨가된 물을 데운다. 이렇게 데워진 물은 한 곳에 모아진다.

크론스베르크 외곽에 위치한 지름 20미터, 높이 10미터의 언덕이 바로 그 온수를 저장하는 수조다. 엥엘케 씨는 "4월~9월에 햇빛을 이용해 데운 물을 단열재로 감싸 추운 겨울까지 저장했다가 이용한다."라고 설명했다. 70센티미터의 단열재로 감싼 이 수조는 물 2,750세제곱미터를 저장할 수 있다.

엥엘케 씨는 "이 물이 겨울에 크론스베르크의 각 집을 이동하면서 각 집에 설치된 열 교환기를 거치며 난방도 하고, 물도 데운다."라고 설명했다. 크론스베르크는 이렇게 태양열을 이용해 난방을 하고 모자라는 부분은 인근에 있는 열병합 발전소를 이용해서 난방을 한다.

이렇게 태양열 집열판을 설치하면 같은 넓이의 주택보다 10퍼센트 정도 건축비가 더 들어간다. 그러나 이 들어간 비용은 난방비로 상쇄할 수 있다. 한국은 햇빛의 양이 가장 적은 1월에도 독일 중·북부보다 4배 정도 많은 70킬로와트시/제곱미터가 들어온다. 한국은

여름에 태양열을 이용해 데워진 물은 이 단열 수조에 겨울까지 저장된다.
크론베르크는 수조를 어린이들이 놀 수 있는 놀이터로 꾸며 놓았다.

크론스베르크는 빗물도 모아 연못을 조성한다. 이 연못의 물은 학교, 가정의 허드렛물로 사용된다.

적당한 규모의 태양열 집열판만 설치하면 독일보다 훨씬 더 유리한 조건에서 태양열 난방이 가능하다.

　이미 한국에서도 소규모 태양열을 이용해 온수를 생산하는 것은 쉽게 볼 수 있다. 원리는 똑같다. 지붕에 설치된 태양열 집열판으로 햇빛을 받아 부동액이 섞인 물을 데우면, 이 물은 '축열조'라 불리는 집 아래에 위치한 수조로 이동한다. 이 물은 축열조에서 찬물을 데운 후, 다시 태양열 집열판으로 이동한다.

　똑같은 식으로 난방도 가능하다. 축열조에서 데운 물을 난방용으로 활용하면 된다. 단 태양열 난방을 하기 위해서는 집의 단열이 잘 되어야 한다. 집을 부실하게 지어서 열이 밖으로 많이 빠져나가면 태양열 난방만으로는 역부족이기 때문이다. 한국에서 건물 지붕, 남쪽 벽면 등을 이용해 태양열 난방을 할 경우 전체 난방 에너지를 전부 다 충당할 수 있다.

빗물 한 방울도 허투루 버리지 않는다!

엥앨케 씨는 "크론스베르크가 이렇게 생태 마을이 될 수 있었던 데에는 하노버 시가 일방적으로 계획하지 않고 거주할 주민, 건축가, 환경 단체 등이 머리를 맞대고 4년간에 걸쳐 여러 가지 가능성을 검토한 덕이 컸다."라며 "크론스베르크는 21세기에 도시가 어떻게 개발되어야 하는지를 보여 주는 생생한 예"라고 지적했다.

실제로 크론스베르크는 가장 최근에 조성된 생태 마을답게 곳곳에서 참신한 시도가 눈에 띈다. 이곳을 찾았을 때 가장 먼저 눈에 들어오는 것은 마을을 지나는 고속도로를 따라 길게 뻗어 있는 언덕이다. 마을과 도로를 분리해 자연스럽게 방음벽 역할을 하는 이 언덕은 원래 있던 게 아니라 크론스베르크 개발 과정에서 나온 흙으로 쌓은 것이다. 크론스베르크는 토양 유실을 최소화하기 위해 개발할 때 나온 흙의 88퍼센트를 인근 4킬로미터 이내에서 다시 사용했다.

탄성을 자아내는 이런 세심함은 곳곳에서 발견할 수 있다. 크론스베르크에 지어진 건물의 상당수는 옥상, 벽면, 테라스에 각종 정원을 조성해 놓았다. 엥앨케 씨는 "가능한 모든 곳에 녹지를 조성하려고 했다."라며 "원래 밭이었던 곳을 개발하는 만큼 녹지 훼손을 최소화하는 방안을 강구한 것"이라고 설명했다.

크론스베르크는 물 한 방울 허투루 버리지 않는 것으로도 유명하다. 크론스베르크 곳곳에 설치된 도랑은 빗물이 바로 흘러내리지 않고 서서히 밑으로 스며들도록 특별히 고안한 것이다. 이렇게 밑으로 스며든 빗물은 도랑 밑에 설치된 배수관을 통해 빗물 저장 수조로 이동한다.

저장된 빗물은 초등학교 주변에 조성된 연못으로 흘러간다. 엥앨케 씨는 "연못에 별다른 장치를 설치하지 않고 기존 크론스베르크 생태계와 유사하게 조성해 자연스럽게 동·식물이 섞이도록 했다."라며 "학교에서는 연못 생태계를 학생의 환경 교육에 적극적으로 활용하고 있다."라고 설명했다.

이 연못은 초등학교에 허드렛물을 공급하는 기능도 한다. 엥앨케 씨는 "이렇게 연못을 사용함으로써 이 초등학교는 연간 약 550세제곱미터의 물을 절약하고 있다."라고 설명했다. 이렇게 빗물을 모아 연못을 조성한 예는 크론스베르크 곳곳에서 볼 수 있다. 빗물을 이용해 정원에 연못도 조성하고, 그 물도 이용하는 일석이조의 효과를 얻고 있는 것이다.

20년 만에 부활한 목소리,
"아끼고 또 아껴라"

독일의 '환경 수도'로 불리는 프라이부르크 시내에서 3킬로미터 떨어진 보봉(Vauban) 마을. 보봉 마을에 들어서면 지붕에 태양광 발전기가 설치된 건물들 사이로 허름한 건물이 하나 눈에 띈다. 이 건물은 1992년 프랑스 군이 철수할 때까지 숙소로 사용하던 것을 개·

프랑스 군의 숙소를 에너지 효율이 높은 서민 주택으로 개·보수한 독일 프라이부르크 보봉 마을.
이 서민 주택은 집 앞에 멈추는 트램을 통해 프라이부르크 시내와 바로 연결된다.

보수해 난방 에너지 소비량이 연간 100킬로와트시/제곱미터도 안들게 만든 서민 공동 주택이다.

1990년에 보봉 마을로 이주한 후, 이렇게 서민들이 살 수 있는 생태 마을을 만드는 데 핵심적 역할을 한 안드레아스 델레스케(Andreas Deleske) 씨는 "풍력, 태양 에너지를 확충하는 것만큼이나 새로 집을 짓거나 개보수할 때 난방 에너지를 아낄 수 있는 방법을 고안하는 것처럼 에너지를 절약하는 여러 가지 방법을 찾는 게 중요하다."라고 강조했다.

델라스케 씨는 "독일에서 난방 에너지를 아끼기 위해서 2002년부터 새로 집을 지을 때 연간 난방 에너지 소비량을 기존 주택(약 200~300킬로와트시/제곱미터)의 2분의 1 수준 이하(70~150킬로와트시/제곱미터)로 맞추도록 정한 것도 이런 사정 탓"이라고 덧붙였다. 그는 "지금보다 풍력, 태양 에너지 사용이 1,000배 많아져도 석유 시대만큼 풍족하게 사는 것은 불가능하다는 사실을 알아야 한다."라고 주장했다.

1970년대 양차 석유 파동 이후 사라졌던 목소리가 20년 만에 전 세계에서 메아리가 되어 돌아오고 있다. "아껴라, 아끼는 것만이 살 길이다." 그간 에너지 '공급'에 초점을 맞췄던 세계 각국이 최근 에너지 '절약'을 강조하는 방향으로 에너지 정책의 전환을 시도하고 있는 것이다. 특히 양대 '에너지 폭식 국가'인 미국, 중국을 주목해야 한다.

미국의 달라진 에너지 정책, '절약'

2001년 5월, 미국의 부시 행정부가 출범한 지 불과 수개월도 안 되어 부통령 딕 체니는 「국가 에너지 정책(National Energy Policy)」 보고서를 내놓으며 세상의 이목을 끌었다. 이 보고서는 "미국의 국가 에너지 안보는 미국 경제와 성장을 돕는 충분한 에너지 공급에 달려 있다."라며 에너지 안보가 미국의 외교 정책 순위의 가장 앞줄에 있음을 선언했다.

2003년 3월, 결국 미국은 세계에서 석유 매장량이 세 번째로 많은 이라크를 석연치 않은 이유로 침공했다. 미국이 이라크를 침공한 진짜 이유가 석유 탓이라는 것은 공공연한 사실이다. 바그다드로 진입한 미군은 다른 공공 기관의 약탈을 방관하면서 이라크 석유부는 충실히 보호하는 모습을 보였다.

이랬던 미국이 변하고 있다. 이라크 등 산유국에서의 영향력 확대 등 '공급'에만 초점을 맞춰 왔던 에너지 정책에 '절약'이 새롭게 등장한 것이다. 이런 변화가 가장 뚜렷하게 드러난 것이 바로 부시 대통령이 2006년 1월 발표한 새로운 안(Advanced Energy Initiative)이다. 이 안은 석유 소비 억제를 새로운 에너지 정책의 목표로 정했다.

5년 전 체니가 "환경주의자들이 주장하는 에너지 절약이 개인적인 덕목인지는 몰라도 에너지 정책을 위한 기본 요건으로는 충분치 않다."라며 "부시 행정부는 에너지 위기가 미국인 개개인의 잘못이 아니라는 점을 분명히 인식하고 에너지 정책을 펼쳐 나갈 것이다."라고 말한 것과 비교하면 이 얼마나 큰 변화인지 알 수 있다.

에너지 폭식 국가, 중국의 변화

이런 변화는 미국뿐이 아니다. 석유를 비롯한 에너지 자원을 블랙홀처럼 흡입해 오던 중국도 변하기 시작했다. 중국은 2001~2005년 국내총생산(GDP)이 9.5퍼센트 오르는 성장을 하는 동안 에너지 소비량이 무려 55퍼센트나 급증했다. 문제는 중국이 똑같은 GDP를 창출하기 위해 필요한 에너지 소비량이 미국과 비교해도 무려 3.3배나 필요하다는 것이다.

중국 정부는 2006년 3월 최종 확정된 '제11차 5개년(2006~2010년) 계획'에서 "2010년까지는 GDP 1,000달러를 창출하는 데 드는 에너지가 2005년과 비교해 20퍼센트 감축되도록 할 것"이라고 선언했다. 삼성경제연구소 김현진 수석연구위원은 "경제 정책에 에너지 효율 수치 목표를 넣은 것은 매우 이례적인 일"이라며 "에너지 공급에 치중해 왔던 중국도 에너지 정책의 변화를 꾀하고 있음을 잘 보여 주는 대목"이라고 설명했다.

유럽 연합의 움직임도 심상치 않다. 유럽 연합은 2005년 에너지 효율 개선을 강조한 새로운 정책(Green Paper on Energy Efficiency: Doing More With Less)을 내놓았다. 이 안은 "고유가 사태와 같은 에너지 위기를 해결하기 위해서는 에너지 효율을 개선하는 것이 최선의 방책"이라고 지적했다.

이어서 유럽 연합 정상들은 2007년 3월 8~9일 벨기에 브뤼셀에서 모여 2020년까지 유럽 연합 전체의 에너지 소비량을 1990년 수준과 비교했을 때 20퍼센트 감축하겠노라고 선언했다. 이 목표를

미국의 에너지 소비 예상

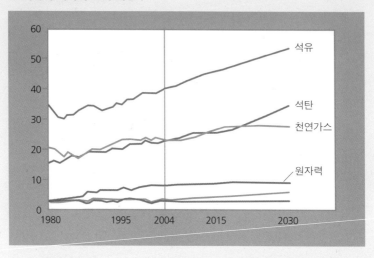

전 세계 인구의 5퍼센트를 차지하는 미국은 전 세계 석유의 25퍼센트를 사용하고 있다.
2030년 미국의 석유 수요는 하루 기준으로 2004년보다 700만 배럴 증가할 것으로 예측되었다.

달성하기 위해서는 앞으로 10여 년 동안 현재와 비교했을 때 13퍼센트 정도 에너지 소비를 줄여야 한다. 특히 유럽 연합은 생태 건축을 통한 난방 에너지 절약에 중점을 두기로 했다.

이런 유럽 연합의 새로운 에너지 정책 역시 2000년 내놓은 정책 (Green Paper: Towards a European strategy for the security of energy supply)과 비교하면 변화가 두드러진다. 2000년에는 에너지 정책의 가장 중요한 목표를 "에너지 공급의 안전성 확보"에 두며 "풍력, 태양 에너지와 같은 재생 가능 에너지의 개발 보급 확대"를 강조했다.

효과 없는 자원 전쟁

그렇다면 이렇게 에너지 절약 정책이 새삼 주목받는 이유는 무엇일까? 우선 2000년대에 전개된 이른바 '자원 전쟁'이 큰 효과를 나타내지 못하고 있다는 점을 들 수 있다. 한정된 자원을 둘러싸고 다수의 에너지 소비국이 과열 경쟁을 하면서 오히려 모두의 이익을 해치는 부작용이 발생하고 있는 것이다.

당장 석유를 확보하기 위해 이라크를 침공한 미국이 그 단적인 예다. 미국이 이라크 점령을 선언한 뒤에도 사실상 내전 상태가 계속되면서 이라크의 석유 생산은 오히려 줄고 있다. 더구나 미국이 유발하는 서남아시아 갈등은 이곳의 위험을 증폭시키며 도리어 고유가 사태를 지속시키는 한 원인으로 작용하고 있다.

또 러시아(석유 수출량 2위), 베네수엘라(5위) 등 산유국의 자원 민족주의가 강화되는 추세도 자원 전쟁이 큰 효과를 보지 못하는 배경으로 작용하고 있다. 2006년 4월을 기점으로 베네수엘라 차베스 정부가 석유 산업의 국유화를 선언한 것이나, 러시아가 외국의 석유 기업의 지분을 사실상 강제로 국영 석유 기업으로 넘긴 것은 그 예로 기록될 만하다.

에너지 절약 정책이 주목받는 또 다른 중요한 이유는 앞에서 언급한 기후 변화 협약 「교토 의정서」다. 유럽 연합, 일본 등은 당장 2008년부터 2012년까지 이산화탄소(CO_2)와 같은 온실 기체의 배출을 1990년과 비교해 평균 5.2퍼센트 감축해야 한다. 이 같은 상황에서는 에너지 효율을 높이는 게 가장 효과적이다.

사다리 걷어차기?

에너지 효율을 높이는 것이 유럽 연합, 일본 등에 의해 이른바 '사다리 걷어차기' 전략으로 적극 활용되고 있는 것도 미국, 중국 등을 다급하게 하고 있다. 유럽 연합은 2005년 8월 11일, 에너지 효율이 높고 환경을 고려한 제품 설계를 의무화한 지침(EuPEnergy using Products)을 2008년부터 적용할 것을 발표했다.

영국 케임브리지 대학교 장하준 교수는 『사다리 걷어차기(Kicking away the Ladder)』에서 영국, 미국 등은 국가의 강력한 시장 개입과 보호주의를 통해 지금의 선진국 위치에 올라서고는, 정작 후진국에는 시장 개입 금지와 자유 무역을 내세우며 자신을 따라잡지 못하도록 한다는 사실을 꼬집었다.

미국, 중국, 한국 등이 자국 제품의 에너지 효율을 제고하지 않을 경우 유럽 연합, 일본의 이런 환경을 내세운 지침은 새로운 '무역 장벽'으로 기능할 가능성이 크다. 미국의 인텔, 제너럴일렉트릭(GE) 등이 최근 들어 부쩍 다음 세대 제품의 경쟁력은 성능보다는 에너지 효율을 얼마나 높이는지에 달려 있다고 강조해 온 것도 이런 사정과 무관치 않다.

2004년부터 '탈석유 전쟁에서 승리하기(Winning the Oil Endgame)' 프로젝트를 진행 중인 로키마운틴 연구소의 에머리 로빈스 소장은 20년 만에 부는 에너지 절약 정책으로의 방향 선회에 대해 이렇게 평했다. "우리가 '아껴 쓴 에너지'야말로 '가장 싸고 깨끗한 에너지'라는 사실을 이제야 세계가 인식하기 시작했다."

참 한가하다, 한국!

석유 한 방울 나지 않는 한국의 현실은 어떤가? 한국의 에너지 소비는 지난 30여 년간 지속적으로 증가해 왔다. 경제 성장에 비례해서 에너지 소비가 증가하는 것은 당연한 일이다. 그러나 문제는 1990년대 들어 과거와 같은 높은 경제 성장이 지체되는 상황에서도 에너지 소비는 계속 1970~1980년대처럼 증가하고 있는 것이다.

이것은 한국과 경제 규모가 비슷한 나라와 비교하면 상황의 심각성이 더욱 두드러진다. 2005년 한국의 1인당 에너지 소비를 석유로 환산하면 4.43톤 정도다. 이 양은 1인당 국민소득(GNP)이 3만 달러에 달하는 일본(4.18톤), 독일(4.22톤), 영국(3.91톤) 등을 앞지르는 수준이다. 물론 미국(7.84톤)과 비교하면 훨씬 낮다.

이렇게 경제 규모에 비해 에너지 소비가 훨씬 큰 데는 '공급'에만 초점을 맞춰 온 에너지 정책의 탓이 있다. 한 번 더 다른 나라와 비교해 보자. 한국은 경제 성장이 어느 정도 완만하게 된 1995~2005년 10년 동안 에너지 소비가 약 50퍼센트 이상 증가했다. 반면 네덜란드, 영국의 에너지 소비는 1980~2000년의 기간에 약 20퍼센트 증가했고, 덴마크에서는 같은 기간 에너지 소비의 변동이 없었다.

뒤늦게 한국 정부도 에너지 절약 정책의 중요성을 강조하기 시작했다. 한국 정부는 2006년 11월 28일 국가에너지위원회 출범에 맞춰 발표된 「에너지 비전 2030」에서 GDP 1,000달러를 생산하는 데 사용하는 에너지를 2030년까지 석유 0.2톤 수준(2005년 0.358톤)

으로 낮출 것을 공언했다.

　그러나 이런 정책은 참으로 낯 뜨거운 내용이라는 비판이 제기되고 있다. 이미 정부는 2004년 12월 제10차 국가에너지절약추진위원회에서 GDP 1,000달러를 생산하는 데 사용하는 에너지를 2012년까지 0.294톤 수준으로 떨어뜨리겠다는 목표를 제시한 바 있다. 그렇다면 2012년 이후 20년간 고작 0.094톤 수준을 떨어뜨리는 데 만족하겠다는 것인가?

　지금 현재 경제 협력 개발 기구의 평균 수준(0.201톤)을 염두에 두면 상황은 더욱 심각하다. 2030년 한국이 경제 협력 개발 기구 평균 수준에 맞출 경우 유럽 연합, 일본 등은 이미 훨씬 더 앞서 나가고 있을 가능성이 높다. 우리 정부의 에너지 공급 정책을 계속 비판해

● **미국 에너지 소비 예상**

(단위: 1,000 US$; ton; toe; KWh)

	한국	독일	영국	일본	네덜란드	미국	캐나다	호주	OECD 평균	세계 평균
1인당 GDP (3.5배)	74.4% 19.15	26.18	26.94	26.87	28.73	35.49	29.64	29.60	23.79	5.51
1인당 CO₂ (2.3배)	84.5% 9.61	10.29	9.10	9.52	11.38	19.68	17.24	17.53	11.09	4.18
1인당 1차 에너지	91.6% 4.43 (2.5배)	4.22	3.91	4.18	4.98	7.84	8.42	5.73	4.73	1.77
1인당 전력 소비	87.1% 7,391 (2.8배)	7,030	6,231	8,076	6,748	13,066	17,179	11,126	8,204	2,516

한국의 에너지 소비는 GDP 수준이 2배 가까이 되는 유럽의 국가와 비교했을 때도 높은 수준이다.
©IEA

온 서울 대학교 윤순진 교수는 한 토론회에서 이렇게 물었다.

이런 상황에서 석유 생산 정점 사태가 온다면 한국은 어떻게 될 것인 가?

과학 기술만으로는 곤란하다

에너지 문제를 언급할 때마다 '걱정 말라'라고 외치는 낙관론자는 과학 기술의 발전을 대안으로 내놓는다. "설사 석유가 점점 줄어들어 현재의 절반 수준으로 떨어지더라도 과학 기술의 발전으로 에너지 효율을 두 배 늘린다면 현재처럼 석유 시대를 유지하는 데는 별 문제가 없다."

그러나 과연 그럴까? 경제학자들이 '제본스의 역설'이라고 부르는 개념을 소개한 다음 글을 읽어 보자.

영국 경제학자 윌리엄 스탠리 제본스(William Stanley Jevons)는 다음과 같이 썼다. "연료를 효율적으로 사용하게 됨으로써 소비가 감소할 것이라고 추측한다면 이는 완전히 혼동하는 것이다. 그 정반대가 진실이다. 이 역설이 어떻게 일어나는지 알기는 어렵지 않다. 예컨대, 생산되는 석탄에 비해 용광로에 사용되는 석탄량이 줄어들면 판매 이윤이 증가해 새로운 자본을 유인하게 되어 석탄 수요는 증가할 것이다. 그리고 결국에는 전체 용광로 수가 늘어나 개별 용광로의 감소한 소비를 보충하고도 남을 것이다."
제본스의 역설이 가진 현대적 중요성은 미국의 자동차 문제에서 잘 드러난다. 1970년대에 좀 더 에너지 효율적인 자동차가 등장했지만 에너지 수요를 줄이지는 못했다. 더 많은 사람들이 차를 가지게 되면서 길 위에 나선 차량이 곧 두 배로 늘어났기 때문이다. 이와 유사하게 냉장고 기술이

향상되면 더 큰 냉장고가 더 많이 팔릴 뿐이다. —『생태계의 파괴자 자본주의』, 157~158쪽

　　과학 기술로 자동차 에너지 효율을 두 배 늘린다고 했을 때, 그것이 에너지 절약 효과를 낳기 위해서는 자동차 운행이 현재 수준이어야 한다. 그러나 과학 기술의 발달로 에너지 효율이 늘어났는데도 정작 자동차 수나, 한 대당 운행 시간이 늘어난다면 큰 문제다. 진짜 중요한 문제는 석유 1리터당 몇 킬로미터가 아니라, 석유 자체를 줄이는 방법이기 때문이다.

　　미국은 대표적인 예다. 전등은 두 차례의 석유 파동을 겪은 1970년대와 비교했을 때 효율이 크게 늘어났다. 그러나 지금 미국은 집집마다 전등의 수가 늘어서 결과적으로 에너지 절약 효과는 나타나지 않았다. 냉장고도 마찬가지다. 1970년대에 비해 네 배 정도 효율이 높아졌지만 냉장고가 두 대인 집이 많아지면서 역시 에너지 절약 효과는 미미하다. 이런 점을 염두에 두면 석유 시대 이후를 대비하는 근본적인 방법은 소비 자체를 줄이는 것뿐이다. 그리고 이렇게 소비 자체를 줄이기 위해서는 자본주의를 손보는 수밖에 없다. 과학 기술로 효율을 아무리 제고한다고 한들, 정작 기업이 상품을 더 적게 팔지 않는 한 상황은 나아지지 않는다. 결국은 사회 구조 전체를 바꿔야 한다는 이런 결론을 어떻게 생각하는가?

『미래의 에너지』

에머리 로빈스 · 페터 헤니케, 임성진 옮김, 생각의나무, 2001년.

에머리 로빈스는 에너지 위기를 극복하려면 에너지 효율을 높이는 길만이 살 길이라고 주장해 온 대표적인 전문가다. 그의 주장을 보면, 에너지를 지금보다 4배 정도 아껴 쓸 수 있을 때, 석유 생산 정점 사태가 가져올 에너지 부족, 지구 온난화가 초래할 기후 변화 등을 극복할 수 있는 조건이 마련될 수 있다

이렇게 에너지를 4배 아껴 쓸 때야 비로소 풍력, 태양 에너지와 같은 재생 가능 에너지로의 전환도 힘을 받을 수 있다. 그러나 이렇게 4배 아껴 쓰는 일이 현실적으로 가능할까? 이 책은 우리가 이미 그것을 실현할 만한 역량을 충분히 가지고 있음을 구체적인 예를 통해 설명한다. 그렇다면 무엇이 문제인가? 바로 정치적 결단을 주저하는 탓이다.

『너무 더운 지구』
데이브 리. 이한중 옮김, 바다출판사, 2007년.

이 책은 미국의 평범한 가족의 생활을 통해 우리가 일상생활에서 에너지를 얼마나 아낄 수 있는지 잘 설명한다. 실제로 미국의 4인 가족이 이 책대로만 실천한다면 미국의 기후 변화 협약『교토의 정서』할당량(1990년과 비교했을 때 온실 기체 배출량 7퍼센트 감축)에 준하는 온실 기체 배출량을 감축할 수 있다.

『자본주의의 환경 위기 – 기술이 답인가?』,
『생태계의 파괴자 자본주의』
존 벨라미 포스터, 추선영 옮김, 책갈피, 2007년.

미국의 마르크스주의자 존 벨라미 포스터(John Bellamy Foster)의 글을 모아 놓은 이 책은 마르크스주의자의 관점에서 환경 문제를 바라본다. 특히『자본주의의 환경 위기 – 기술이 답인가?』에서 포스터는 제본스의 역설을 통해 과학 기술로 환경 문제를 해결할 수 없으며, 결국은 자본주의의의 폐기만이 답이라고 결론을 내린다.

Chapter 4

똥이 에너지다

독일 남서부의 소도시 네카스울름(Neckarsulm)은 아우디(A8) 생산 공장이 위치한 곳이다. 이곳에 사는 2만 7000여 명은 대부분 아우디 공장에서 일하는 노동자다. 얼핏 봐서는 규모가 작은 여느 공업 도시와 별반 다를 바 없지만 이 도시는 좀 특별한 게 있다. 바로 상당수 시민이 나무를 연료로 사용해 난방을 한다는 점이다.

환경 의식이 남다른 독일에서 21세기에 나무를 때다니, 어떻게 된 일일까? 진실은 이렇다. 도시 외곽에 위치한 열병합 발전소*는 나무를 땔 때 발생하는 뜨거운 가스를 이용해 물을 데운다. 이렇게 데

---

*일반적인 화력 발전소는 애초 석탄, 석유, 가스의 에너지의 60~70퍼센트를 잃는다. 그러나 전기를 생산할 때 나오는 열까지 이용한다면 효율을 대폭 높일 수 있다. 이처럼 전기를 생산할 때 나오는 열까지 이용하는 발전 방식을 '열병합 발전'이라고 한다. 열병합 발전을 할 경우 애초 연료에 들어 있

워진 물은 총 연장 8킬로미터의 관을 통해 각 가구에 열을 공급한다. 물을 데우는 것은 물론이고 처음 투입된 에너지의 약 15퍼센트는 전기를 생산하는 데에도 사용된다.

그렇다면 네카스울름의 열병합 발전소에서 사용하는 나무는 어디서 왔을까? 발전소 기술 담당 지그베르트 에펜베르거(Sigbert Effenberger) 씨는 "그대로 두면 모두 썩어 없어질 나무를 수거한 것"이라며 "벌목 과정에서 나온 자투리, 숲에서 쉽게 볼 수 있는 폐목 등이 주로 땔감으로 사용된다."라고 설명했다. 조각난 나무 자투리 1세제곱미터는 통상 약 80리터(전기 750킬로와트시)의 석유가 발생시키는 에너지에 맞먹는다.

는 에너지의 90퍼센트가량을 이용할 수 있다.

열병합 발전소는 한국의 대형 화력 발전소처럼 외딴 곳에 세울 수 없다. 전기를 생산할 때 발생하는 열을 이용할 수 있는 주택, 공장이 근처에 있어야 하기 때문이다. 열병합 발전은 규모에 따라 작은 도시 전체에 전기와 열을 공급하는 것부터 한 건물에 전기와 열을 공급하는 것까지 다양한 종류가 개발되어 있다.

3장에서 소개한 크론스베르크에서도 태양열 난방으로 부족한 부분을 인근에 위치한 열병합 발전소에서 생산한 열을 활용해 해결한다. 에너지 효율을 높이는 데 집중하는 유럽 연합에서는 대형 화력 발전소, 원자력 발전소 대신 규모가 작지만 효율이 높은 열병합 발전소가 큰 각광을 받고 있다.

가축의 똥오줌으로 전기 생산

석탄, 석유에 밀렸던 나무가 화려하게 부활하고 있다. 나무뿐이 아니다. 독일의 괴팅겐 근처 윤데에서는 가축의 똥오줌이 소중한 에너지 자원으로 쓰인다. 이곳에서는 가축의 똥오줌과 옥수수, 보리 건초를 섞어서 썩힐 때 나오는 메탄을 태워 전기를 생산한다. 또 이때 발생하는 열로 물을 데워 마을의 난방을 해결한다.

윤데의 이런 시도를 주도했던 게어드 파펜홀즈(Gerd Paffenholz) 씨는 "이 발전소에 건초와 가축의 똥오줌을 공급하는 농가는 안정적인 수입원을 확보할 수 있을 뿐 아니라 메탄을 포집하고 남은 찌꺼기를 유기 비료로 사용한다."라고 설명했다. 그는 "1킬로와트시당 최고 17.5센트를 지불하고 20년간 전기를 안정적으로 팔 수 있는 것도 부가적인 장점"이라고 덧붙였다.

유럽에서 수십 년간 에너지 자원으로 사용되지 않던 가축의 똥오줌, 건초, 나무 등이 이렇게 주목받게 된 데는 기후 변화 협약「교토 의정서」의 영향이 크다. 기후 변화 협약「교토 의정서」는 이들을 이산화탄소와 같은 온실 기체를 추가로 배출하지 않는 에너지 자원으로 규정하고 있다.

물론 건초, 나무를 태울 때도 이산화탄소가 발생한다. 하지만 이 이산화탄소는 화석 연료를 태울 때 나오는 것과는 다르다. 화석 연료를 태우면 땅속에 갇혀 있던 탄소가 이산화탄소의 형태로 추가적으로 공기 중으로 방출된다. 그러나 건초, 나무는 그대로 두더라도 썩으면서 태울 때와 똑같은 탄소가 이산화탄소, 메탄의 형태로 공기

나무 자투리와 건초는 그 자체로 또는 가축의 똥오줌과 섞여 훌륭한 에너지 자원이 된다.

중으로 방출한다.

건초, 나무를 이용해 전기를 생산하고, 난방을 하더라도 온실 기체의 추가 배출은 이론적으로는 없다. 이런 사정 탓에 기후 변화 협약 「교토 의정서」는 화석 연료 대신 가축의 똥오줌, 건초, 나무 등(이들을 통칭해 '바이오매스(biomass)'라고 부른다.)을 사용하면 온실 기체를 감축한 것으로 간주한다. 실제로 윤데의 에너지 전환을 지원한 괴팅겐 대학교의 연구 결과를 보면, 이렇게 바이오매스를 사용하면 한 마을당 연간 3,300톤의 온실 기체 감축이 가능하다.

유럽 재생 가능 에너지 협회(European Renewable Energy Council, EREC)는 2010년까지 바이오매스, 풍력, 태양광, 태양열 등을 이용해 온실 기체를 3억 2000만 톤 감축할 수 있다고 예측했다. 이 중에서 바이오매스는 1억 7600만 톤으로 전체의 55퍼센트에 해당한다. 풍력(9900만 톤), 태양(220만 톤)과 비교하면 온실 기체 감축에 바이오매스

Holzschnitzel
1 Srm ~ 750 kWh

나무 자투리 1세제곱미터는 약 80리터의 석유, 750킬로와트시의 전기와 같은 에너지를 포함하고 있다.

가 얼마나 기여할 수 있는지 쉽게 알 수 있다.

풍력·태양 에너지로는 역부족이다

이처럼 바이오매스가 에너지 전환에 큰 역할을 할 수 있는 데는 그것이 오랫동안 사용해 온 에너지 자원이기 때문이다. 바이오매스는 별다른 전환 과정 없이 바로 석탄, 석유, 천연가스 등 기존의 화석 연료를 대체할 수 있다. 당장 온실 기체를 감축해야 하고, 더 나아가 석유 고갈 사태에 대비해야 하는 입장에서는 큰 전환 비용이 들지 않는 바이오매스야말로 바로 이용 가능한 가장 좋은 미래 에너지 자원이다.

또 바이오매스는 저장이 용이하다. 풍력, 태양 에너지의 경우에는 저장을 했다 나중에 활용하기 쉽지 않다. 그러나 바이오매스는 일단 저장했다가 겨울에 사용할 수 있기 때문에 난방 연료로 가장 각광을 받고 있다. 저장을 했다가 온도 변화에 따라서 자유롭게 이용할 수 있는 난방 연료로 제격인 것이다.

이런 여러 가지 장점 탓에 유럽 각국의 바이오매스 이용은 최근 수년간 급속도로 증가했다. 가축의 똥오줌, 건초 등에서 발생하는 메탄을 이용해 소규모 발전을 하는 곳은 독일에만 3,500곳(2005년)이다. 이 중 3분의 1에 해당하는 1,100곳이 2005년 한 해 동안 지어졌다. 독일에서는 전체 전력의 0.8퍼센트를 이런 방법을 통해 생산한다.

앞에서 소개한 스웨덴의 2020 석유 제로 선언의 핵심 역시 바이오매스의 확대다. 스웨덴은 2020년까지 난방 연료로 나무, 건초 등 바이오매스를 사용해 석유 사용을 '0'으로 만들려는 계획을 갖고 있다. 유럽뿐 아니라 아시아, 아프리카 등지의 최빈국에서도 큰 기술 전환 없이 사용할 수 있는 바이오매스 이용에 높은 관심을 보이고 있다.

이렇게 바이오매스가 부상한 데에는 풍력, 태양 에너지 등으로 대표되는 재생 가능 에너지로의 전환에 힘이 붙지 않는 현실도 크게 작용했다. 현재 유럽 연합의 전체 에너지 중에서 재생 가능 에너지가 차지하는 비중은 7퍼센트(2005년 기준) 수준이다. 이 중에서 풍력, 태양 에너지가 차지하는 비중은 극히 작다.

유럽 연합은 2010년까지 전체 에너지의 12퍼센트를 재생 가능 에너지로 대체하려는 계획을 세워 놓았다. 그중 바이오매스가 차지하는 비중은 75퍼센트나 된다. 즉 전체 에너지의 9퍼센트를 바이오매스에서 얻은 에너지로 대체하겠다는 것. 유럽 재생 가능 에너지 협회는 재생 가능 에너지가 세계 에너지 공급에서 차지하는 비중이 절반 수준으로 확대되더라도, 그 절반은 바이오매스가 되리라고 전망했다.

바이오매스, 또 다른 환경 오염?

물론 바이오매스에 대해서 회의적인 시선도 있다. 독일의 대표적인 환경 단체 분트(BUND)도 그중 하나다. 분트의 바이오매스에 대한 비판은 특히 바이오디젤, 바이오에탄올과 같은 수송 연료에 집중되어 있다. 그러나 이 단체는 열병합 발전소에서 바이오매스를 태울 때 나오는 일산화탄소(CO), 산화질소(NOx) 등 오염 물질에도 곱지 않은 시선을 보낸다.

이에 대해서 열병합 발전소를 운영하는 이들은 "비판을 위한 비판"이라며 강한 반감을 표시했다. 에펜베르거 씨는 "네카스울름의 열병합 발전소에서 나무를 태울 때 나오는 약간의 오염 물질은 거의 100퍼센트 걸러지기 때문에 대기 중으로 방출되는 것은 거의 없다."라며 "네카스울름의 환경 단체도 이를 문제 삼지 않는다."라고 설명했다.

역시 열병합 발전을 통해 난방을 하고 있는 프라이부르크 보봉의 안드레아스 델레스케 씨도 "바이오매스를 태울 때 나오는 오염 물질은 양도 적을 뿐 아니라 완벽하게 그르기 때문에 문제될 게 없

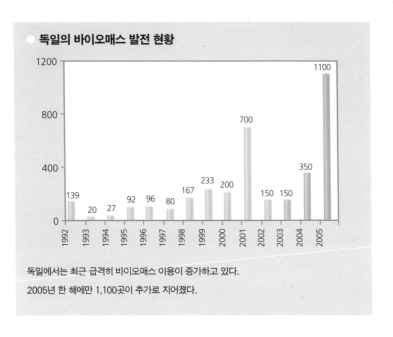

독일의 바이오매스 발전 현황

독일에서는 최근 급격히 바이오매스 이용이 증가하고 있다.
2005년 한 해에만 1,100곳이 추가로 지어졌다.

다."라며 "바이오매스의 사용을 주저할 때 타 없어지는 석유, 천연가
스를 생각해야 한다."라고 지적했다.

델레스케 씨는 "풍력, 태양광 발전의 급격한 확대가 어려운 상황
에서 바이오매스는 화석 연료의 현실적인 대안"이라며 "개인적으로
는 땅속에 있는 화석 연료를 인위적으로 캔 것이 아닌 자연의 순환
과정의 일부인 바이오매스는 태양 에너지와 똑같은 것으로 생각한
다."라고 덧붙였다.

똥 귀한 줄 모르는 한국

훗날 노무현 대통령의 공과를 논할 때, 에너지 문제에 관심을 둔 이들이라면 그를 '수소 경제'를 국내에서 처음 제기했던 인물로 평가할지도 모른다. 그는 2005년 3월 청와대에서 현대자동차의 수소·산소 연료 전지 차량을 처음 타보고 말 그대로 '감전'되어 국가 차원의 수소 경제를 선언했다. 과연 그의 공언대로 수소 경제의 시대가 올까?

광주 조선 대학교 안에 있는 250킬로와트 연료 전지 발전기

수소 에너지, 화석 연료와 뭐가 다를까?

광주 조선 대학교 안에는 언뜻 보면 컨테이너처럼 보이는 상자(3.2미터×3.2미터×8.6미터)가 하나 있다. 이 상자의 정체는 바로 250킬로와트 연료 전지 발전기다. 국내에서 두 번째로 설치된 이 연료 전지 발전기는 2005년 11월부터 인근 조선 대학교 병원에 전기와 온수를 공급하고 있다. 이렇게 전기, 온수를 공급한 대가로 연간 5000만 원을 벌어들인다(초기 투자 비용은 25억 원).

연료 전지 발전기는 수소, 산소의 화학 반응을 통해 전기(50퍼센트)를 얻는다. 이 화학 반응 과정에서 열(30퍼센트)이 발생하는데, 이 열을 온수, 난방에 사용한다. 전기와 열을 한꺼번에 활용하면 효율은 80퍼센트나 된다. 이렇게 전기를 생산하는 과정에서 오염물질의 발생도 거의 없다. 노 대통령이 감전될 만하다.

그러나 연료 전지 발전기에는 큰 문제가 있다. 연료 전지의 원료로 쓰이는 수소는 어디서 온 것일까? 조선 대학교의 연료 전지 발전기는 천연가스에서 수소를 얻는다. 따져 보면 천연가스(100퍼센트)를 이용해 전기(50퍼센트), 열(30퍼센트)을 생산하는 것이다. 현재 세계적으로 연료 전지의 원료로 사용되는 수소의 대부분(96퍼센트)은 천연가스(48퍼센트), 석유(30퍼센트), 석탄(18퍼센트)에서 얻어진다.

앞으로 기술이 발전해 자연계에 충분히 존재하는 물을 분해해서 수소를 얻는다고 해도 문제는 그대로 남는다. 물을 분해할 때도 전기가 필요하기 때문이다. 현재 정부는 수소를 생산할 때 필요한 전기를 원자력 발전을 통해 얻고자 계획 중이다. 광주환경운동연합 김광훈 사업국장은 "수소 에너지가 이렇게 기존의 화석 연료, 원자력에 의존하는 한 그것을 미래 에너지라고 부를 수는 없다."라고 지적했다.

대다수 재생 가능 에너지는 바람 또는 햇빛 에너지에서 바로 전기로 전환된다. 그러나 물에서 수소를 거쳐 궁극적으로 전기를 얻기 위해서는, 첫째 일단 화석 연료로 전기를 생산한 뒤, 둘째 이 전기를 이용해 물에서 수소를 추출하고, 셋째 그렇게 생산한 수소를 이용해 전기를 생산해야 한다. 이렇게 최소한 두 단계가 더 필요한 생산 프로세스는 경제성을 갖기 힘들다.

이런 사정 탓에 수소 에너지를 찬성하는 이들은 상대적으로 자신들이 풍부하게 보유하고 있는 석탄에서 수소를 얻거나(미국), 국내에서처럼 원자력을 이용해 수소를 생산하는 방법을 선호한다. 국내의 원자력계가 2025년 이후 상용화 예정인 새로운 원자로를 활용해 수소를 대량 생산하자며 강하게 밀어붙이는 것도 한 보기다. 김광훈 국장의 지적에 수긍이 간다.

왜 바이오매스 생각은 못할까?

2007년 4월 20일 재정경제부는 전라북도 부안을 '신 · 재생에너지산업 특구'로 지정했다. 앞으로 부안에는 1000억 원(국비 800억 원, 지방비 200억 원)을 들여 수소 에너지 단지 등이 들어설 계획이다. 재정경제부는 부안을 신 · 재생에너지산업 특구로 지정한 이유를 "상용화 단계에 진입한 수소 에너지 개발 산업에 박차를 가하는 취지"라고 설명했다.

그러나 부안에서 지열, 태양광 등 재생 가능 에너지 보급 운동에

이현민 부안시민발전소 소장

앞장서 온 부안시민발전소 이현민 소장의 생각은 전혀 다르다. 이 소
장은 "한국의 공무원들이 일하는 수준을 단적으로 보여 주는 예"라
며 분통을 터뜨렸다. 그는 "전국에서 유기농업이 가장 활발한 지역의
특성에 맞는 바이오매스 에너지를 활성화하려는 생각을 왜 하지 못
하느냐"며 답답해했다.

이 소장은 "독일의 윤데처럼 가축의 똥오줌에서 생산한 메탄을
이용, 소규모 열병합 발전소를 가동해 전기를 얻고, 난방을 할 수 있
다."라며 "메탄이 제거된 똥오줌은 유채유를 짜고 남은 깻묵 등과 섞
어서 비료로 만들어 부안의 유기농업에 활용할 수 있다."라고 설명했
다. 이런 제안은 최근 부안에서 큰 반향을 얻고 있는 유채 재배와도
어울린다.

실제로 정부는 2006년 8월 30일부터 이렇게 생산된 전기를 높은
가격에 구매하기로 결정했다. 농민들은 메탄을 통해 생산한 전기를

가축의 똥오줌과 건초 등을 이용한 바이오매스의 활용은 여러 측면에서 이득이지만 우리 사회의 관심은 아직 턱없이 낮은 수준이다.

15년간 1킬로와트시당 72.73원(150킬로와트 이상), 85.71원(150킬로와트 미만)으로 판매할 수 있다. 이현민 소장은 "한 쪽에서는 바이오매스 에너지가 성장할 길을 터놓고, 한 쪽에서는 그런 움직임을 차단하는 어처구니없는 상황"이라고 지적했다.

처리에만 1500억 원 드는 쓰레기의 '대변신'

이 소장의 제안은 이미 국내에서도 현실이 되고 있다. 파주시는 100억 원을 들여 가축의 똥오줌, 음식물 쓰레기에서 생성되는 메탄을 이용한 500킬로와트 발전기를 2005년 6월 1일부터 가동하고 있다. 하루 8시간 가동하는 이 발전기는 메탄을 태워 매일 200~250킬로와트시의 전력을 생산한다. 이렇게 메탄을 얻고 남은 찌꺼기는 퇴비로 농가에 공급된다(하루 5톤).

이런 시도는 큰 골칫거리로 떠오른 가축의 똥오줌, 음식물 쓰레기를 처리하는 가장 효과적인 방법이다. 환경부, 농림부는 2005년 가축의 똥오줌, 음식물 쓰레기 처리에만 총 1578억 원(국고 811억 원, 지방비 767억 원)을 들였다. 환경부, 농림부는 2005년부터 가축의 똥오줌, 음식물 쓰레기를 처리하는 시설을 지원하는 데 각각 4896억 원, 2429억 원을 투입할 예정이다. 똑같은 돈으로 골칫거리도 해결하면서 에너지 전환에도 기여할 수 있는 것이다.

부안의 김인택 씨도 "이젠 국내에도 가축의 똥오줌에서 얻은 메탄으로 생산한 전기를 비싸게 구매하는 제도가 마련되어 있기 때문에 정부가 홍보만 잘 한다면 또 다른 농가 소득원으로 농민들이 큰 관심을 가질 것"이라고 지적했다. 현재 농림부는 이런 아이디어를 현실화하기 위한 시범 사업을 진행 중이다.

기후 변화 협약의 대안, 덤으로 '수소'도 얻어

당장 한국이 2013년부터 기후 변화 협약「교토 의정서」의 온실 기체 감축 의무 대상국이 되면 바이오매스의 활용은 더욱 현실성 있는 대안으로 떠오를 전망이다. 산업자원부의 전망을 살펴보면, 국내 가축의 똥오줌에서 얻은 메탄을 에너지로 전환하면 연간 석유 36만 톤(약

1750억 원)에 해당하는 양을 얻을 수 있다.

한국에너지기술연구원 박순철 박사의 분석을 보면, 바이오매스 가용 자원을 100퍼센트 활용할 경우 이산화탄소 국내 총배출량의 4퍼센트에 해당하는 690만 톤을 감축할 수 있다. 만약 농가에서 바이오매스를 잘만 활용한다면 탄소 거래를 통해 수익을 얻을 수도 있다. 이산화탄소 배출이 많은 기업이 농가에 돈을 지불하고 이산화탄소 배출권을 살 수도 있기 때문이다.

이렇게 생산한 메탄에서 수소도 얻을 수 있다. 서울시는 2006년 3월 탄천물재생센터의 하수 처리 과정에서 발생하는 메탄에서 수소를 얻어 250킬로와트 연료 전지 발전기의 연료로 사용하고 있다. 이 연료 전지 발전기는 매일 전기(180만킬로와트시)와 온수를 생산한다. 바이오매스 이용 폭이 얼마나 넓은지 잘 보여 주는 예다.

그러나 바이오매스에 대한 국내의 관심이 턱없이 부족하다. 2005년 기준 전체 에너지에서 재생 가능 에너지가 차지하는 비중은 2.13퍼센트. 이 재생 가능 에너지 중에서 바이오매스가 차지하는 비중은 3.7퍼센트에 불과하다. 2011년까지 정부가 목표로 세운 전체 에너지에서 재생 가능 에너지가 차지하는 비중은 5퍼센트. 여기서도 바이오매스가 차지하는 비중은 고작 7.87퍼센트다.

지역에 맞는 재생 가능 에너지 개발

환경 운동연합을 비롯한 환경 단체들은 바이오매스 도입의 시급성을 계속 강조해 왔다. 그 처리에 연간 1000억 원 이상이 드는 가축의 똥오줌, 음식물 쓰레기를 에너지 자원으로 재활용해 오히려 수익을 올릴 수 있는 데다, 나아가 농가의 새로운 소득원으로도 활용할 수 있기 때문이다. 이는 기후 변화 협약「교토 의정서」에 대비하는 가장 손쉬운 대안이기도 하다.

민주노동당 에너지 담당 장주영 씨는 "정부가 수소 에너지를 강조하다 보니 정작 부안처럼 지역의 특성에 맞는 재생 가능 에너지에 대한 주민의 욕구가 존재하는 곳에서도 엉뚱하게 돈이 낭비된다."라며 "지금 당장 산업자원부, 농림부, 환경부가 머리를 맞대고 바이오매스를 활성화할 방안을 모색해야 한다."라고 지적했다.

장주영 씨는 "유럽에서도 1980년대 후반 가축의 똥오줌을 처리하는 방법을 찾던 중에 바이오매스에 주목하게 되었다."라며 "농림부, 환경부가 향후 수천억 원의 예산을 가축의 똥오줌 등을 처리하는 데 할당하고 있는 만큼 그 예산을 최대한 활용해 바이오매스 에너지 이용을 확대할 수 있다."라고 덧붙였다.

이제 막 걸음마 뗀 한국, 갈 길 멀다

최근 경기도 포천시는 100억 원을 들여 가축의 똥오줌과 음식물 쓰레기를 처리해 얻은 메탄을 이용해 전기를 생산하는 발전기를 포천

영중면 영송리에 설치하기로 했다. 이 시설은 포천에서 발생하는 가축의 똥오줌의 4분의 1에 해당하는 240톤과 음식물 쓰레기 60톤을 하루에 처리할 수 있을 뿐 아니라, 연간 1142만 5200킬로와트시의 전기를 생산할 수 있다.

이렇게 생산된 전기 가운데 5퍼센트는 자체 시설을 돌리는 데 사용되고 나머지는 판매된다. 발전기에 쓰이는 메탄을 생산하고 남은 가축의 똥오줌, 음식물 쓰레기 찌꺼기는 유기 비료의 원료로 쓰인다. 포천시는 연간 약 10만 톤 정도의 유기 비료 생산을 전망했다.

산업자원부의 지원을 받은 대우건설은 13억 원을 들여 경기도 이천 모전영농조합단지의 100가구에 가축의 똥오줌에서 얻는 메탄으로 30킬로와트 전기를 생산하는 발전기를 설치했다. 유니슨도 14억 원을 들여 충청남도 청양 여양 농장에 되어지의 똥오줌을 활용해 연간 87만 6000킬로와트시의 전기를 생산하는 60킬로와트 발전기를 설치하고 있다.

그간 이런 바이오매스의 활용에 소극적이던 농림부도 최근 나서기 시작했다. 2007년 국내 여건에 맞는 가축의 똥오줌에서 에너지를 얻기 위한 연구에 달려든 것. 농림부는 일단 1억 5,000만 원 범위 내에서 소 1,500두 정도를 키우는 5~6개 농가를 선정해 시범 사업을 해볼 계획이다. 기업 차원의 접근도 있다. 울트라텍은 음식물쓰레기, 하수처리장 등에서 메탄을 추출해 이를 천연가스 버스의 연료로 사용하는 계획을 추진 중이다. 울트라텍은 엔진을 약간 개조하는 것(200만~300만 원)만으로 메탄을 천연가스 버스에 그대로 사용하는 것이 가능하다고 설명한다.

불확실한 증거

1839년, 영국의 윌리엄 그로브(William Grove) 경은 수소와 산소가 결합해 물을 만들면 열과 함께 전기가 발생하는 현상을 발견했다. 수소를 이용해 열, 전기를 생산하고서도 부산물은 단지 물이다. 온실 기체를 비롯한 어떤 오염 물질도 발생하지 않는다. 바로 '수소 경제'의 탄생을 예고하는 순간이었다. 그러나 세상 어디에서도 수소만을 캐낼 수는 없다. 순수한 수소는 자연에 존재하지 않는다. 수소는 물, 암모니아, 탄화수소처럼 화합물로만 존재한다. 수소를 이용해 에너지를 생산하기 위해서는 물, 탄화수소에 에너지를 투입해 수소를 얻을 수밖에 없다. 바로 여기서 문제가 발생한다.

앞에서 언급했듯이 현재 대부분의 수소는 천연가스에서 얻고 있다. 그러나 천연가스 역시 온실 기체를 내뿜는 화석 연료에 불과하다. 더구나 석유보다는 더 오래가겠지만 천연가스 역시 언젠가는 고갈될 수밖에 없다. 이제 수년 내로 각국은 점점 고갈되는 천연가스를 확보하기 위해 노심초사해야 할 것이다. 이미 천연가스를 둘러싼 각국의 자원 전쟁은 시작되었다.

수소를 얻기 위해서 풍력, 태양 에너지를 이용해 물을 분해하는 방법도 있다. 그러나 풍력, 태양 에너지로 생산한 전기를 이용해 수소를 생산하고, 이것을 이용해 다시 전기를 생산하는 과정을 살펴보자.

최소한 3단계의 과정을 거치면서 발생한 에너지 손실을 염두에 두면 이런 방법은 결코 경제적일 수 없다.

물론 풍력, 태양 에너지를 이용해 생산된 전기는 저장하기가 쉽지 않다. 수소는 이렇게 생산된 전기를 저장하는 에너지 전달자로 사용될 수 있다. 풍속이 셀 때나 햇빛을 많이 받을 수 있을 때 얻은 많은 양의 전기를 이용해 수소를 생산한 다음, 그 수소를 저장·이동해 필요할 때, 필요한 곳에서 연료 전지 발전기의 원료로 사용할 수 있다. 그러나 풍력, 태양 에너지를 이용해 수소를 대량으로 생산하기는 쉽지 않다. 더구나 수소 경제가 가능하기 위해서는 현재와는 판이하게 다른 에너지 기반 시설이 필요하다. 물에서 수소를 분리해 내는 전기분해 장치, 수소를 저장·이동할 수 있는 시설, 다양한 곳에 쓰일 연료 전지 발전기 등. 이런 시설을 갖추기 위해서는 상상할 수 없는 '투자'와 변화를 위한 '시간'이 필요하다.

실제로 수소 경제에 대한 관심은 이미 1970년대부터 시작되었다. 그러나 수십 년이 지난 지금까지 태양, 풍력 에너지 등 온갖 재생 가능 에너지가 수소 경제로 융합하는 꿈은 결코 실현되지 않았다. 앞으로 수소 경제가 도래하기 위해서는 최소한 50년은 필요하다고 전망하는 것도 이 때문이다. 그 전에 석유 고갈 사태가 온다면 어떻게 할 것인가?

이런 상황에서 수소 경제와는 도무지 어울리지 않을 것 같은 에너지가 부상했다. 바로 원자력 에너지가 그 주인공이다. 원자력 업계는 앞으로 원자력 에너지로 수소를 대량 생산할 수 있을 것이라고 전망한다. 국내에서 가장 열정적인 수소 경제 전도사라 할 수 있는 홍성안 수소·연료 전지 사업단장의 이야기를 직접 들어 보자.

> 현재 국제 공동 기술 개발을 추진하고 있는 제4세대 원자로를 활용하게
> 된다. 제4세대 원자로는 안정성과 환경성이 기존 원자로에 비해 월등히
> 뛰어나면서 수소를 대량으로 경제성 있게 생산할 수 있는 기술로 각광
> 을 받고 있다. 수소 경제는 반드시 오고, 미래의 수소 경제 사회에서 우리
> 의 생존을 담보하기 위해서는 지금부터 만반의 대비를 해야 할 것이다. —
> 《한겨레》, 2006년 3월 28일

홍 단장이 이야기하는 수소 경제는 원자력 에너지로 대량 생산한
수소를 원료로 전기를 생산해 지탱하는 경제다. 이런 경제는 수소 경
제가 아니라 '원자력 경제'라고 불러야 하는 것이 아닐까? 세계 재생
가능 에너지 위원회 헤르만 셰어(Hermann Scheer) 의장은 이런 세태를
다음과 같이 꼬집고 있다.

> 최근 일고 있는 수소에 대한 열광은 원자력 에너지를 다시 끌어들이려는
> 실질적인 목적을 갖고 있다. 수소를 미래 에너지로 떠벌리는 열기가 강해
> 지고, 더불어 풍력, 태양 에너지의 확대가 지연될수록, 환경 의식이 있는
> 대중들까지도 점차 원자력을 이용한 수소 생산을 도저히 피할 수 없는 대
> 세로 인식하게 될 것이다. 이는 원자력 에너지 옹호자의 희망 사항이기도
> 하다. 따라서 수소에 대한 찬성표 가운데 많은 부분이 실제로는 핵에 대한
> 찬성표인 셈이다. —『에너지 주권』, 125쪽

『바이오에너지 희망을 찾아서: 현황과 전망』

이유진·이승지·김희선, 한국지속가능발전센터, 2007년.

바이오매스를 이용한 에너지에 관한 여러 가지 정보를 꼼꼼히 정리한 책이다. 이 책 역시 앞에서 언급했듯이 바이오매스 에너지의 이용 확대를 유력한 대안으로 제시하고 있다. 한편 이 책은 앞에서 설명한 바이오매스 에너지 외에도 바이오디젤, 바이오에탄올과 같은 식물 연료도 바이오매스로 분류해 다루고 있다. 식물 연료는 5장에서 자세히 설명한다.

『석유의 종말』

폴 로버츠, 송신화 옮김, 서해문집, 2004년.

이 책 역시 석유 시대의 종말을 경고한다. 특히 3장 '수소를 주목하라'는 그간 수소 경제에 대한 관심이 어떻게 촉발되었으며 2000년대 들어 어떤 상황인지 보여 준다. 이 책은 수소가 석유를 대체할 수 있는 가능성을 부정하지 않는다. 그러나 국내의 열광과는 달리 미국에서는 수소 경제의 가능성을 놓고 회의적인 목소리가 커지고 있다.

『수소 혁명』

제레미 리프킨, 이진수 옮김, 민음사, 2003년.

'수소 경제'라는 말을 전 세계적으로 알리는 데 큰 역할을 한 책이다. 리프킨은 이 책에서 열정적으로 석유 시대가 종말을 고한 자리에 수소 경제가 도래할 것이라며, 그 미래상을 펼쳐 보인다. 그러나 수소가 화석 연료, 원자력으로부터의 해방을 가능하게 하리라는 리프킨의 꿈은 실현되기 어려워 보인다. 그 이유는 앞에서 설명했다.

Chapter 5

100년 만에 부활한
식물 연료

오스트리아 그라츠는 9세기부터 동서 유럽의 관문이었다. 그러나 지난 20세기에 그라츠는 세계의 주목을 받지 못했다. 미국으로 이민을 가 캘리포니아 주지사가 된 영화배우 아널드 슈워제네거의 고향으로 세계 언론에 그 이름이 오르내리던 게 다였다. 1999년 도시 동쪽이 세계 문화 유산으로 지정되었지만 빈, 잘츠부르크에 가려 관광객도 덜 찾았다.

이런 그라츠를 세계가 주목하고 있다. 자동차에 석유를 넣지 않는 도시로 탈바꿈하기 위한 준비를 차근차근 진행하고 있기 때문이다. 1,000여 년간 동서 유럽의 관문 역할을 했던 그라츠가 21세기 '석유 시대'와 '탈(脫)석유 시대'를 잇는 관문 역할을 하고 있는 것이다. 그 중심에는 바로 미래의 수송 연료로 각광 받고 있는 '식물 연료'가 있다.

고소한 냄새 풍기는 버스

도시 서쪽에 위치한 그라츠 역에 내리자마자 눈에 띄는 것은 역 앞 광장에 길게 늘어서 있는 초록색의 메르세데스벤츠 버스들이다. 시내 곳곳을 운행하는 152대의 버스는 단 한 대도 예외 없이 모두 바이오디젤(BD100)로 움직인다. 이 바이오디젤은 모두 그라츠와 인근의 식당, 가정에서 수거된 폐식용유를 원료로 만든다.

버스뿐이 아니다. 그라츠에서 운행하는 택시의 60퍼센트도 바이오디젤을 연료로 사용한다. 특히 그라츠 최대의 택시 업체 'TAXI878'은 전체 차량 235대 중 90대(40퍼센트)를 바이오디젤로 운행한다. 화물 운송 업체 'FRICUS'도 경유에 바이오디젤을 30퍼센트 섞어서 쓰고 있다.

그라츠 대학교 마르틴 미텔바흐 교수는 "버스, 택시에 100퍼센트 폐식용유를 이용해 만든 바이오디젤을 사용한다."라며 "버스 뒤에 서 있으면 매캐한 냄새 대신 감자를 튀길 때 나는 고소한 냄새를 맡을 수 있다."라고 설명했다. 실제로 정류장에서 버스가 떠나는데 매연이 전혀 없었다. 오히려 약간 고소한 냄새가 났다.

이렇게 폐식용유로 자동차가 움직이는 것은 전혀 놀랄 일이 아니다. 독일의 기술자 루돌프 디젤(Rudolf Diesel)이 1900년 프랑스 파리 자동차 박람회에 내놓은 세계 최초의 디젤 엔진 자동차 '오토 컴퍼니'는 콩기름으로 움직였다. '사막의 여우' 로멜(Erwin Rommel)이 전차를 움직일 연료가 부족하자 전차에 경유 대신 폐식용유를 넣어 위기를 극복한 것은 제2차 세계 대전의 숨은 일화다.

그러나 이렇게 콩기름과 같은 식물 기름을 이용해 자동차를 움직이는 세상은 영원히 오지 않을 듯했다. 값싼 석유의 등장으로 콩기름으로 가는 자동차를 상상했던 디젤의 꿈은 20세기 내내 유예되었기 때문이다. 1985년 미텔바흐 교수가 식물 기름을 자동차 연료로 사용하기 위한 연구를 본격적으로 시작했을 때도 상황은 마찬가지였다.

폐식용유 수거해 버스 연료 생산

그라츠 시가 미텔바흐 교수의 바이오디젤에 처음 주목한 이유는 대기오염 탓이었다. 미텔바흐 교수는 "산으로 둘러싸인 그라츠는 특히 미세먼지 오염이 심각했다."라며 "바이오디젤(BD100)은 경유에 비해 미세먼지가 55.4퍼센트나 준다."라고 설명했다. 미세먼지 오염이 경제 협력 개발 기구 최고 수준인 서울시가 경청할 만한 대목이다.

그라츠 시는 우선 미세먼지를 가장 많이 내뿜는 운송 수단인 버스에 이 바이오디젤을 넣기로 결정하고, 1994년 처음으로 두 대의 버스에 바이오디젤을 넣었다. 이렇게 시작된 '에너지 전환'은 10년 만인 2005년 완성되었다. 택시 업체, 화물 운송 업체가 이런 에너지 전환에 동참하면서 그라츠 시는 자동차에 석유를 넣지 않는 도시로 더욱 가까워져 갔다.

바이오디젤의 원료가 되는 폐식용유는 시민들의 자발적인 동참에 전적으로 의존한다. 미텔바흐 교수는 "그라츠에서 쓰이는 폐식용유는 시내와 반경 50킬로미터 이내의 레스토랑, 맥도날드와 같은

9세기부터 동서 유럽의 관문이었던 그라츠는 자동차에 석유 대신 식물 연료를 넣는 '실험'을 진행 중이다.

패스트푸드 매장 등에서 나온다."라며 "한 주일에 두세 번 정도 자동차가 다니면서 수거하는데 그 양은 연간 2000~3000톤 정도 된다."라고 설명했다.

그라츠는 집집마다 3~5리터 크기의 폐식용유 통이 있다. 식당도 20~1,000리터 크기의 폐식용유 통이 있다. 식당은 가정과 달리, 폐식용유와 같은 환경 오염 물질의 무단 폐기를 금지한 법에 따라 폐식용유를 의무적으로 수거해야 한다. 이렇게 수거된 폐식용유는 1리터당 0.18유로(약 250원)를 주고 바이오디젤 생산 업체가 사간다.

미텔바흐 교수는 "오스트리아 전역에서 폐식용유 수거가 제대로 이뤄지면 연간 40만~50만 톤의 바이오디젤을 생산할 수 있다."라며 "독일과 비교했을 때 오스트리아의 식물 연료 정책은 소극적"이라고 지적했다. 그는 "지금은 세계가 바이오디젤에 주목한다."라

그라츠는 폐식용유로 만든 바이오디젤 유로 버스 150대를 운행하고 있다.

며 "시작할 때만 해도 채 20년도 안 되어 세계의 주목을 받을 줄은 꿈에도 생각 못했다."라고 덧붙였다.

지구 온난화 막는 식물 연료

미텔바흐 교수의 지적대로 상황이 변했다. 1990년대 지구 온난화 문제 해결이 전 세계 국가의 화두가 되고 기후 변화 협약 「교토 의정 서」의 발효가 임박하면서 유럽을 중심으로 식물 연료에 대한 관심이 급부상했다. 온실 기체를 내뿜는 수송 연료를 대체할 수단으로 식물 연료가 떠오른 것이다.

유럽 연합은 2010년까지 이산화탄소 배출량을 3억 2000만 톤 줄여 「교토 의정서」가 규정한 감축 목표량(1990년 대비 평균 5.2퍼센트)의 95퍼센트를 달성해야 한다. 그렇다면 식물 연료는 이산화탄소 배출량을 얼마나 줄여 줄까? 바이오디젤(BD100)을 디젤 엔진 자동차에 넣을 경우 이산화탄소 배출량은 경유에 비해 78퍼센트 줄어든다.

바이오디젤과 같은 식물 연료의 이산화탄소 감축 효과가 탁월한 것은 식물 연료가 콩, 유채, 야자수처럼 이산화탄소를 흡수하는 식물에서 직접 나오기 때문이다. 식물이 자라면서 대기에서 흡수한 이산화탄소를 디젤 기관이 연소해 다시 배출하는 식이기 때문에 이산화탄소 배출량이 적어지는 것이다.

이런 이유로 유럽 연합은 바이오디젤이나 화학 처리 과정을 거치지 않은 순수 식물 기름을 통틀어 '수송용 식물 연료'로 규정하고 그 사용 범위를 확대하는 데 박차를 가하고 있다. 2003년 유럽 연합은 2010년까지 수송 연료의 5.75퍼센트를 식물 연료로 대체하는 것을 시작으로 2020년에는 전체 수송 연료의 10퍼센트를 식물 연료로 대체한다는 목표를 세웠다.

20킬로미터마다 식물 연료 주유 가능

2000년대 들어 계속된 고유가 사태는 바이오디젤과 같은 식물 연료가 대중적으로 받아들여지는 데에 결정적인 계기가 되었다. 전 세계에서 바이오디젤 생산량, 소비량이 가장 많은 독일의 경우 2000년 24만 9000톤에 불과했던 바이오디젤 생산량이 2005년 235만 톤으로 늘었다. 독일 전국 1,900곳 주유소에서는 직접 소비자에게 바이오디젤(BD100)을 주유한다.

독일 하이델베르크 에너지 환경 연구소의 귀도 라인하르트 국장은 "독일에서는 20킬로미터만 가면 바이오디젤(BD100)을 넣을 수 있는 주유소를 찾을 수 있다."라고 설명했다. 실제로 독일 곳곳에서는 벤츠, 아우디와 같은 디젤 엔진 승용차에 서슴지 않고 바이오디젤을 넣는 시민을 심심치 않게 목격할 수 있다.

독일 슈트트가르트의 한 주유소에서 만난 팀 폴머(Tim Vollmer) 씨는 자신의 아우디(A6) 승용차에 바이오디젤을 넣고 있었다. 폴머 씨는 "자동차 회사에서 요구한 대로 '식물 연료 활성화 장치'를 설치했기 때문에 바이오디젤을 넣어도 문제 될 게 없다."라며 "경유에 비해서 싼 데다 환경에도 기여하기 때문에 바이오디젤을 선호한다."라고 말했다.

식물 연료 활성화 장치란 경유에 비해 점도가 높은 식물 연료에 열을 가해 기체 상태로 디젤 기관에 분사하는 장치다. 독일에서는 일부 승용차에 화학 처리 과정을 거치지 않은 순수 식물 연료나 100퍼센트 바이오디젤(BD100)을 넣을 때에는 이 장치를 부착할 것을 의무화하고 있다. 필터가 막히는 것과 같은 사고를 미연에 방지하기 위해서다.

오히려 거꾸로 가는 한국

그라츠에서 수송 연료의 전환을 목격하고 있던 2006년 11월 말, 한국에서는 시대의 흐름에 역행하는 일이 있었다. 자동차를 개조해 폐식용유를 연료로 사용한 오 아무개 씨가 연료 장치 불법 개조 혐의로 경찰에 입건된 것. 유럽 연합에서는 바이오디젤뿐 아니라 순수 식

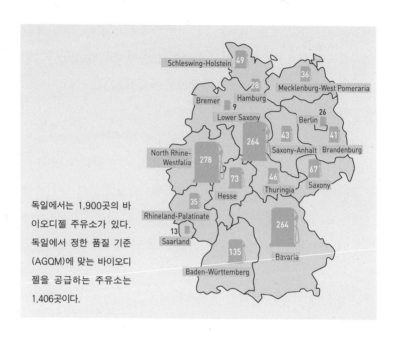

Schleswing-Holstein 49

28
Hamburg
Bremer
9
Lower Saxony

Mecklenburg-West Pomeraria 36

26
Berlin

264

43
Saxony-Anhalt

41
Brandenburg

North Rhine-
Westfalia 278

73

46
Thuringia

67
Saxony

35
Hesse

13
Saarland

Rhineland-Palatinate

264
Bavaria

135
Baden-Württemberg

독일에서는 1,900곳의 바
이오디젤 주유소가 있다.
독일에서 정한 품질 기준
(AGQM)에 맞는 바이오디
젤을 공급하는 주유소는
1,406곳이다.

물 연료도 수송 연료로 규정해 적극 권장하고 있다.

국내에서 폐식용유를 정제해 순수 식물 연료로 개발한 네오텍 이
근태 대표는 이렇게 '거꾸로 가는' 한국에서 가장 큰 피해자다. 이미
2년 전에 식물 연료 활성화 장치의 국산화까지 성공해 놓았지만 정
부가 순수 식물 연료를 수송 연료로 인정하지 않아 속만 탈 뿐이다.
그는 이렇게 씁쓸하게 말했다.

탈석유 시대를 준비하는 자발적인 흐름도 수용하지 못하는 현실을 보
면서 한국 사회에 대한 절망이 깊어간다.

유채 키워 1조 원 이익?,
산유국 꿈꾸는 부안

정부가 수송 연료 전환의 발목을 잡고 있지만 변화의 열망을 막을
수는 없다. 이미 변화를 예고하는 움직임이 시작되었다. 전라북도
부안은 그 변화의 중심지다. 2003년 '부안 사태'로 갈등의 상징처
럼 여겨지는 부안에서 도대체 무슨 일이 벌어지고 있기에 이 지역을
주목하는 것일까? 이런 궁금증을 안고 2007년 4월 부안을 찾았다.

봄기운이 가득한 부안 들녘에서 노란 꽃들을 활짝 피운 유채 밭이 제일 먼저 눈에 들어왔다.

유채 밭에서 '석유'를 캔다?

봄기운이 가득한 부안 들녘에서 노란 꽃들을 활짝 피운 유채 밭이 제일 먼저 눈에 들어왔다. 부안군에는 현재 모두 88헥타르(약 26만 평)의 유채 밭이 있다. 부안의 유채 밭은 2004년 33헥타르(약 10만 평)도 채 안 되었으나 최근 3년 새 그 면적이 크게 늘었다. 앞으로 부안의 유채 밭은 더욱 늘어날 전망이다.

최근 농림부는 부안에 500헥타르(약150만 평)의 유채 밭을 새로 조성하고, 유채 재배 농가에 1헥타르당 170만 원을 지원할 예정이다. 부안군도 별도로 그 절반 규모인 228헥타르의 유채 밭을 조성할 계획을 검토 중이다. 현재 부안군에는 402개 농가가 유채를 재배하기로 확정한 상태다.

이렇게 부안에서 유채 재배가 늘어난 데에는 '유채 전도사'로 불리는 김인택 씨의 공이 컸다. 그는 최근 '부안유채네트워크'를 출범시키고 회장을 맡았다. 4월 26일 출범한 '전북유채네트워크'가 결성되는 데에도 그의 공이 컸다. 그는 "1990년대 후반 환경 농업에 관심을 가지며 이것저것 공부를 하면서 유채의 힘을 실감하게 되었다."라고 말했다.

그런데 갑자기 웬 유채 타령? 김 씨의 설명을 통해 유채가 가진 가능성을 확인하면서 고개가 끄덕여졌다. 그가 본 '유채의 힘'은 수송 연료를 대체할 수 있는 가능성에 있었다.

유채유(油)를 원료로 바이오디젤을 만들면 디젤 엔진 자동차를 움직일 수 있다는 사실 정도는 알고 있을 것이다. 유채를 재배하면 새로운 농가 소득도 창출하고, 동시에 환경 오염이 적은 수송 연료를 생산해 에너지 문제 해결에도 기여할 수 있으니 이것보다 좋은 일이 어디 있나?

콩기름, 유채유 등 식물 기름을 원료로 바이오디젤을 만들어 경유 대신 수송 연료로 쓰는 것은 이제 더 이상 낯선 일이 아니다. 정부도 지난해 7월부터 경유에 바이오디젤을 0.5퍼센트 이하로 섞어 판매할 수 있는 길을 열어 놓고 있다. 그런가 하면 김인택 씨는 이미 2000년대 초부터 자동차, 농기구 등을 폐식용유로 만든 바이오디젤로 가동하고 있다.

단 하나도 버릴 것 없는 유채

김인택 씨의 노력이 열매를 맺고 있다. 부안 지역에 유채 밭이 계속 늘고 있을 뿐 아니라, 곳곳에서 유채를 사들이는 데 관심을 보이기 때문이다. 우선 농림부의 지원을 받아 재배된 유채는 농협이 1킬로그램당 350원씩에 구매해 바이오디젤 생산 업체에 공급하기로 결정된 상태다.

군 차원에서 재배한 유채에 대해서도 인근의 바이오디젤 생산 업체에서 계속 관심을 보이고 있다. 170만 원의 보조금이 지급되는 1헥타르당 약 3,000킬로그램의 유채가 생산되니 매년 부안은 연간 20억 200만 원의 소득이 안정적으로 보장되는 셈이다(350원×3,000킬로그램×728헥타르+170만 원×728헥타르).

이같은 소득은 보리를 재배할 때의 소득의 80퍼센트 정도 수준이다. 현재 보리는 국제 거래 가격 1킬로그램당 176원 정도지만 수매 가격은 보조금 623원을 더한 1킬로그램당 799원이기 때문이다. 20퍼센트 정도의 소득 감소가 있는 셈이다. 그러면 부안 농민들은 이런 '밑지는 일'을 왜 자청해서 하게 되었을까? 부안 시민 발전소 이현민 소장의 설명을 들어 보자.

보리의 경우에는 최근 몇 년째 가격이 폭락한 데서 알 수 있듯이 농가에 안정적인 소득원이 아니다. 그러나 유채의 경우에는 전량이 바이오디젤로 쓰일 수 있기 때문에 안정적 소득원이다. 앞으로 기름을 세 배 가까이 더 짜낼 수 있는 품종이 본격적으로 재배될 경우 유채도 1킬로그램당 700원 수준으로 올릴 수 있다.

이렇게 부안에서 유채 재배가 늘어난 데에는 '유채 전도사'로 불리는 김인택 씨의 공이 컸다.

유채에 관심을 보이는 것은 바이오디젤 생산 업체뿐이 아니다. 김인택 씨가 소속된 주산사랑에서 재배하는 10헥타르(1만 5000평)의 유채 밭은 농약과 화학 비료를 쓰지 않는다. 그는 "유채 생산량이 좀 떨어지는 대신 이곳에서 재배된 유채를 원료로 고급 식용유를 만들고자 하는 식품 업체에서 관심을 보여 가격(1킬로그램당 1,200원)을 흥정하고 있는 중"이라고 밝혔다. 바이오디젤 원료로 판매할 때와 비교해 네 배에 가까운 값을 받을 수도 있다는 이야기다.

유채는 버릴 게 없다. 예로부터 유채는 대표적인 녹비식물(거름 대신 땅에 뿌리는 식물)로 꼽혔다. 유채로 기름을 짜고 남은 찌꺼기를 가축의 똥오줌과 2대 8 정도의 비율로 섞으면 훌륭한 유기 비료를 만들 수 있다. 이 비료는 국내 유기 농업의 중심지로 널리 알려진 부안 곳곳의 유기 농업 공동체에서 다시 땅으로 돌아간다.

유채 밭 곳곳에서 꿀을 따고 있는 벌도 유채의 또 다른 이득. 김인택 씨는 "4~5월 유채 꽃에서 나온 꿀은 가장 양질의 꿀로 꼽힌다."라고 설명했다. 한창 벌이 유채 꽃에서 꿀을 딸 때는 유채 꽃을 보는 사람의 눈도 즐거울 때다. 그는 "제주도처럼 부안군도 유채 꽃이 필 때 관광지로 개발할 수 있을 것"이라고 덧붙였다.

유채로 경유 소비의 6퍼센트 대체 가능

쌀로 유명한 부안에서 유채를 재배할 수 있는 이유는 유채가 보리처럼 쌀과 이모작이 가능하기 때문이다. 유채는 6월 초에 수확이 가능하기 때문에 6월 20일경 모내기를 해야 하는 쌀농사에 전혀 영향을 미치지 않는다. 세계 무역 기구(WTO)는 바이오디젤 생산을 목적으로 한 유채와 같은 작물에 대해서는 정부 지원을 허용하고 있어 농업 지원에도 유용하다.

바이오디젤은 경유와 비교했을 때 오염 물질도 적게 배출한다. 바이오디젤은 연소 효율이 높아서 미세먼지, 탄화수소 등의 오염 물질을 경유보다 10~35퍼센트 적게 배출한다. 민주노동당 에너지 담당 장주영 씨는 "경유 100만 톤을 바이오디젤로 대체할 경우 환경 오염에 따른 비용을 최대 1778억 원까지 절약할 수 있다."라고 설명했다.

고유가 상황에서 유채를 원료로 만든 바이오디젤의 경쟁력은 앞으로 더욱 높아질 전망이다. 만약 석유 생산 정점 사태가 도래하면 경유, 휘발유와 같은 수송 연료를 대체하는 바이오디젤의 가치는 더 높아질 수밖에 없다. 당장 온실 기체를 감축해 지구 온난화에 대비해야 하는 한국의 처지에서 바이오디젤과 에너지 작물에 관심이 쏠리는 것은 어찌 보면 당연하다.

그러나 이렇게 많은 장점이 있는 바이오디젤이지만 이를 국내에서 생산하는 데에는 한계가 있다. 진보정치연구소의 조사 결과를 보면, 국내에서 유채를 재배할 수 있는 땅의 면적은 최대 55만 헥타르다. 여기서 생산할 수 있는 바이오디젤은 94만 톤 정도로 2006년에 전국에서 소비된 경유의 6.37퍼센트에 해당한다.

더딘 정부, 분통 터지는 농심

김인택 씨는 "그나마 이마저도 하지 않으려는 게 바로 한국 정부"라며 분통을 터뜨렸다. 김 씨는 "현재 산업자원부가 5개 정유 업체와 협약을 맺고 연간 9만 킬로리터(kℓ)의 바이오디젤을 공급하고 있다."라며 "이러다 보니 바이오디젤 생산 업체는 생산 능력(30만 킬로리터 수준)만큼 바이오디젤을 생산하지 못하고 있다."라고 지적했다.

그는 "산업자원부가 하는 모습을 보면 바이오디젤을 일종의 필수적으로 육성해야 할 미래 에너지로 보기보다는 단순한, 하도 이러쿵저러쿵 말들이 많으니까 마지못해 도입하는 첨가제 정도로 보는 것 같다."라며 "이렇게 산자부가 바이오디젤 보급 속도를 늦추니 농림부도 2007년부터 겨우 1,500헥타르를 대상으로 유채 재배 지원을 시작하게 된 것"이라고 설명했다.

그는 "농림부는 2014년까지 10만 헥타르로 유채 재배 면적을 늘리겠다고 하는데 그 안에 경유와 같은 수송 연료 수급에 큰 문제가 생긴다면 외국으로부터 바이오디젤 연료를 대량으로 수입하는 수밖에 없다."라고 덧붙였다. 실제로 현재 국내에서는 바이오디젤 생산 업체가 유채를 사용하고자 해도 조달할 곳이 없는 상태다.

현재 전국의 유채 재배지는 부안을 포함해 약 1,000헥타르 정도에 불과하기 때문이다. 국내에서 바이오디젤을 생산하는 16곳 대

유채 꽃을 관광 상품으로 활용했을 때의 이익도 있다. 제주도의 경우를 대비해 추산할 때, 경관 개선으로 발생하는 이득은 연간 최대 4433억 원이었다.

부분은 해외에서 수입한 대두유를 원료로 바이오디젤을 생산하고 있다. 일부 업체의 경우에는 말레이시아에 대규모 종려나무(palm) 농장을 조성해 종려유(팜유)를 수입할 계획도 갖고 있다.

연간 20만 톤이나 되는 폐식용유 수거가 제대로 이뤄지고 있는 것도 아니다. 현재 일부 패스트푸드 점포를 제외한 대다수 가정에서 폐식용유는 그대로 버려지고 있다. 환경부가 폐식용유를 '재활용이 가능한 자원'으로 분류해 놓고도 그라츠처럼 이를 체계적으로 수거하지 않기 때문에 소중한 에너지 자원이 버려지고 있는 것이다.

상황이 이렇다 보니 바이오디젤 확대를 막는 목소리에도 힘이 실린다. 최근 재정경제부는 "원료를 외국에서 수입해서 만드는 바이오디젤에 굳이 교통세 면세 혜택을 줄 필요가 없다."라며 교통세 면세 혜택을 현재의 100퍼센트에서 75퍼센트로 줄이려다 반발이 거세자 포기했다.

이런 상황에서 부안 주민이 분통이 터지지 않을 수 없다. 부안은 벌써 저만큼 나아가고 있는데 한국 사회의 구조가 이를 받쳐 주지 못하고 있는 현상이 마치 2003년 '부안 사태'를 연상시키는 듯했다. 그때도 부안 주민은 원자력 에너지 대신 재생 가능 에너지 확대를 주장했다.

유채 이익, 최대 1조 원

진보정치연구소는 유채를 재배해 바이오디젤을 생산했을 때 얼마나 이익이 나는지를 상세히 분석했다. 국내의 유채 재배 가능 면적은 유채의 북방 한계선인 대전 이남 지역의 55만 헥타르(휴경지 4만 7800헥타르 + 보리 재배 면적 3만 6000헥타르 + 이모작 가능 면적 46만 6200헥타르). 이 지역 모두에서 유채를 재배한다고 가정했을 경우, 94만 톤의 바이오디젤의 생산이 가능하다.

이와 같은 생산량은 2006년 기준으로 농업용 면세 경유의 57.5퍼센트를 대체할 수 있는 양이다. 이 바이오디젤 94만 톤으로 경유를 대체할 경우 발생하는 이익은 3248억 원(약 3억 5000만 달러)이나 된다. 이와 동시에 환경 오염이 줄어드는 데에서 오는 이익도 연간 최대 1778억 원으로 추정된다.

유채 꽃을 관광 상품으로 활용했을 때의 이익도 있다. 제주도의 경우를 대비해 추산할 때, 경관 개선으로 발생하는 이득은 연간 최대 4433억 원이었다. 결국 유채만 잘 키워도 1조 원 가까이 이익이 발생한다는 이야기다. 유채 재배의 파급 효과가 얼마나 큰지 잘 알 수 있는 대목이다.

장주영 씨는 "바이오디젤을 육성하기 위해서는 우선 산업자원부가 9만 킬로리터로 제한하고 있는 바이오디젤의 연간 생산물량을 획기적으로 늘리는 게 필요하다."라며 "더 나아가 정유 업계가 독점하고 있는 바이오디젤의 공급권을 바이오디젤 생산 업체와 공유할 수 있도록 해야 한다."라고 지적했다.

폐식용유를 이용해 바이오디젤을 생산하는 에코에너텍의 경우 정유 업체 세 곳과 거래해 납품하고 있다. 에코에너텍의 경우 현재의 9만 킬로리터를 두 배 수준으로 늘려도 물량을 공급할 수 있는 능력을 갖추고 있다. 장주영 씨는 "산업자원부의 물량 확대가 얼마나 바이오디젤 육성에 시급한 일인지 잘 보여 주는 예"라고 설명했다.

식물 연료의 '명'과 '암'

바이오디젤, 바이오에탄올과 같은 식물 연료는 '밭에서 캐는 황금' 이라고 선전되며 큰 주목을 받고 있다. '바이오 연료(biofuels)'라고 불리는 식물 연료는 크게 두 종류다. 경유를 대신해 사용할 수 있는 바이오디젤과 휘발유를 대신해 사용할 수 있는 바이오에탄올이 그 것이다. 이 둘은 기존의 디젤 엔진(바이오디젤), 가솔린 엔진(바이오에탄올)에 그대로 사용할 수 있다.

대두, 종려, 유채 등에서 얻은 식물 기름에서 글리세린을 제거해 점성을 낮추면 경유와 비슷한 바이오디젤을 만들 수 있다. 바이오에탄올의 제조도 간단한다. 기본적으로 술을 만드는 것과 유사하다. 밀, 보리, 사탕수수, 옥수수를 발효해서 에탄올을 얻은 다음 정제를 하면 휘발유와 비슷한 바이오에탄올을 만들 수 있다.

바이오디젤, 바이오에탄올이 각광을 받는 이유는 크게 두 가지다. 우선 이 식물 연료를 사용하면 온실 기체를 감축할 수 있다. 식물 연료 원료 작물이 성장하면서 대기 중에 있는 이산화탄소를 흡수하기 때문이다. 더구나 바이오디젤, 바이오에탄올은 자동차의 연료로 사용할 때 전환 비용이 거의 들지 않는다. 눈앞에 닥친 석유 고갈 사태에 대비할 수 있는 가장 현실적인 수송 연료인 셈이다.

그러나 이렇게 열광의 목소리만 있는 것은 아니다. 석유 기업의 임원을 지냈던 미국의 부시 대통령도 식물 연료를 지지하는 한편에서는 비판자들이 식물 연료가 "또 다른 재앙을 불러올 것"이라고 목소리를 높인다. 바이오디젤, 바이오에탄올과 같은 식물 연료를 둘러싼 쟁점을 살펴보자.

식물 연료가 먹을거리 가격 폭등의 주범이다?

식물 연료는 밀, 보리, 옥수수, 사탕수수(바이오에탄올), 콩(바이오디젤)과 같은 먹을거리 작물을 원료로 사용한다. 이것은 식물 연료가 가장 많이 비판 받는 이유다. 식물 연료를 비판하는 목소리가 가장 큰 곳도 바로 국제 식량 정책 연구소처럼 먹을거리 문제를 연구하는 단체다. 전 지구적 식량 문제를 경고해 온 지구 정책 연구소(Earth Policy Institute, EPI) 소장은 이렇게 말했다.

> 대형 승용차의 연료 탱크를 바이오에탄올로 단 한 번 채우는 데 소요되는 옥수수는 한 사람이 1년 동안 먹을 수 있는 양과 같다. 전 세계에서 자동차를 소유한 8억 명과 2달러도 못 미치는 일당으로 생계를 유지하는 30억 명이 작물을 놓고 경쟁을 벌여야 하는 상황이 도래했다. 이런 상황은 옳지 않다.

이런 지적은 전적으로 타당하다. 그러나 최근의 먹을거리 문제를 식물 연료 탓으로 돌리는 것은 균형 잡힌 시각은 아니다. 우선 지난 10여 년간 먹을거리 가격이 오름세를 보인 가장 큰 이유는 식물 연료가 아니라 중국, 인도 등 인구 밀집 지역의 먹을거리 수요가 급격히 증가한 탓이다.

이것은 먹을거리 가격이 전반적으로 수년간 6~10퍼센트 가까이 오른 것을 보면 알 수 있다. 현재 식물 연료 원료로 널리 쓰이는 옥수수, 사탕수수, 콩뿐 아니라 밀, 보리의 가격도 오르고 있다. 즉, 먹을거리 가격의 오름세는 식물 연료 탓이 아니라 브라운 소장 자신이 수년간 경고해 온 것처럼 수요 증가에 따른 필연적 현상일 뿐이다.

물론 최근 2~3년간의 먹을거리 가격 오름세에 식물 연료도 한몫했다. 그러나 식물 연료보다는 기후 변화의 결과로 짐작되는 전세계적인 기상 이변이 더 큰 원인이다. 이런 문제 탓에 식물 연료도 진화하고 있다. 우선 먹을거리로 쓰이지 않은 식물을 원료로 식물 연료를 생산하는 기술이 곳곳에서 등장하고 있다.

밀, 보리, 옥수수 대신 볏짚, 밀짚, 자투리 목재를 활용해 바이오에탄올을 생산하는 기술을 이미 덴마크에서 상용화했다. 바이오디젤 역시 마찬가지다. 자트로파처럼 독성이 있어서 먹지 못하지만 열대 지방 곳곳에서 발견할 수 있는 잡초를 원료로 바이오디젤을 생산하는 기술이 등장했다.

식물 연료를 강하게 비판해 온 국제 연합 인권 위원회의 장 지글러(Jean Ziegler) 박사도 "5년 뒤면 현재처럼 밀, 옥수수, 사탕수수가 아닌 볏짚, 밀짚 등으로부터 에너지 생산이 가능할 것으로 보인다."라고 전망했다. 그는 "재배 환경이 좋지 않은 곳에서 잘 자라는 자트로파 같은 식물도 좋은 해결책이 된다."라고 덧붙였다.

더구나 오스트리아의 그라츠와 같은 곳에서는 폐식용유를 원료로 바이오디젤을 생산해 시내를 운행하는 버스 152대의 연료를 전부 대체했다. 이렇게 폐식용유를 이용해 바이오디젤을 생산한다면 환경에 부담을 주는 음식물 쓰레기를 재활용해 경유를 대체하는 가장 효과적인 방법이 될 것이다.

물론 미국과 같은 나라가 옥수수를 이용한 식물 연료 생산에 주력하는 것은 계속해서 비판을 받아야 한다. 실제로 스웨덴은 이런 비판을 의식해 정책적으로 밀, 보리와 같은 먹을거리 작물로 바이오에탄올을 생산하지 않기로 결정하기도 했다. 그러나 이런 비판에도 불구하고 먹을거리로 쓰이지 않는 작물을 이용한 식물 연료 생산 노력은 멈추지 않아야 한다.

식물 연료가 더 많은 온실 기체를 배출한다?

현재 유럽 연합이 식물 연료 생산에 앞장서는 이유는 온실 기체 배출량을 줄이기 위해서다. 유럽 연합은 2020년까지 수송 연료의 10퍼센트를 식물 연료로 전환하기로 결의했다. 그러나 이런 유럽 연합의 계획에 찬물을 끼얹는 연구 결과가 잇따라 나오고 있다. 식물 연료의 온실 기체 배출량이 더 많다는 것이다.

이들 연구의 설명을 보면, 식물 연료를 생산하는 전 과정(경작, 운반, 가공)을 염두에 두면 화석 연료보다 식물 연료가 더 많은 온실 기체를 배출한다. 특히 더 많은 원료 작물을 수확하고자 사용하는 질소 비료가 이런 온실 기체 배출의 중요한 원인이 된다. 이런 비판 역시 경청할 만하다.

그러나 이 역시 식물 연료를 포기할 이유는 되지 못한다. 우선 앞에서 설명한 대로 폐식용유, 볏짚, 밀집과 같은 농사를 짓고 남은 부산물, 농사 짓기에 부적당한 땅에서도 잘 자라면서 먹을거리로 쓰이지 않는 자트로파와 같은 작물로 바이오 연료를 생산하는 방법이 계속 등장하고 있다.

또 전라북도 부안 같은 경우에는 유채를 질소 비료 대신 유기 농업으로 재배하고 있다. 유채에서 기름을 짜고 남은 찌꺼기를 유기 비료로 활용해 유채를 재배하는 '자연 순환'을 직접 실천하고 있는 것이다. 또 한편에서는 기존의 유채보다 생산량이 많은 유채 품종을 개발하려는 노력도 계속되고 있다.

더구나 식물 연료와 화석 연료의 온실 기체 배출량을 따지는 이런 연구가 과연 공정한지 살펴볼 필요도 있다. 전 세계 특정 지역에서만 생산되기 때문에 장거리 운반이 불가피한 석유의 채굴, 운반, 정제 과정을 모두 고려할 때도 과연 식물 연료가 석유보다 더 많은 온실 기체를 배출할까?

이미 석유 채굴을 위해서 석유 기업은 갈수록 더 깊은 시추공을 뚫고 있다. 시추공이 깊어지면 깊어질수록 석유를 생산하는 데 필요한 비용이 올라간다. 이렇게 비용이 오르면 당연히 더 많은 에너지가 들면서 온실 기체 배출량도 많아질 수밖에 없다. 이런 상황을 염두에 둔다면 식물 연료와 석유의 온실 기체 배출량을 단순 비교하는 것은 결코 공정치 않다.

잊지 말아야 할, 가장 중요한 사실도 있다. 석유 생산 정점을 지나면 몇 년 안에 석유 공급이 줄기 시작한다. 이런 사태가 오면 식물 연료의 이용은 '선택'이 아니라 '필수'다. 자동차 문명을 포기하지 않는다면 아무리 낙관적으로 전망해도 상용화에 50년은 걸리는 수소·산소 연료 전지 자동차와 같은 대안이 나올 때까지 식물 연료 이용은 불가피하다.

식물 연료는 열대우림을 파괴한다?

식물 연료에 대한 비판은 이밖에도 많다. 식물 연료 원료 작물 재배로 수자원 고갈이 심각해질 것이라는 지적도 그중 하나다. 식물 연료 원료 작물 중에서 수자원이 많이 필요한 것은 바이오에탄올의 원료인 사탕수수다. 대개 옥수수, 사탕수수는 재배할 때 자원이 많이 들기 때문에 식물 연료 원료 작물로 적당치 않다.

그러나 유럽, 한국에서 바이오디젤 원료 작물로 재배하는 유채는 이런 비판에서 벗어날 수 있다. 유채는 비교적 적은 자원으로도 재배가 가능할 뿐 아니라, 전통적으로 지력을 기르는 비료 작물로 널리 이용되어 왔다. 이런 사정을 염두에 두면 식물 연료 원료 작물 재배로 수자원 고갈이 심각해질 것이라는 지적도 침소봉대에 불과하다.

사실 식물 연료에 대한 비판 중에서 경청해야 할 것은 따로 있다. 브라질, 인도네시아 등에서는 식물 연료를 생산하고자 원료 작물을 대량 재배하면서 열대우림을 파괴하는 일이 문제가 되고 있다. 지구의 '마지막 허파'로 기능하는 열대우림을 파괴하고 식물 연료를 생산한다면 그것은 결코 지속 가능할 수 없다.

앞으로 식물 연료 수요가 높아질수록 남아메리카, 아프리카, 아시아 곳곳에 플랜테이션을 조성해 사탕수수, 종려, 자트로파 등의 식물 연료 원료 작물을 재배할 가능성이 크다. 이미 세계 곳곳의 열대우림은 사탕수수(브라질), 종려(인도네시아) 재배를 위해서 심각하게 훼손되고 있다.

열대우림을 파괴하고 그곳에 자트로파와 같은 비식용 식물 연료 원료 작물을 대량 재배한다면 먹을거리 문제는 발생하지 않는다. 그러나 1헥타르당 온실 기체 67톤을 감축하는 숲이 파괴되면서 발생하는 문제는 한두 가지가 아니다. 동·식물의 서식지가 훼손될 뿐 아니라 원주민 공동체도 파괴될 것이다.

이런 사정 탓에 유럽 연합 위원회는 2006년 영구 초지, 천연림, 천연 범람원, 습지, 멸종 위기 동·식물의 서식지나 보전 가치가 높은 지역 등은 식물 연료 원료 작물의 재배지로 전환되지 않도록 제안했다. 그러나 이런 유럽 연합 위원회의 제안에도 여러 기업이 남아메리카, 아프리카, 아시아 곳곳에서 플랜테이션 조성을 추진하고 있다.

한 가지 기이한 것은 식물 연료와 관련해 이 열대우림 파괴 문제가 가장 심각함에도 몇몇 환경 단체를 제외하고는 이 문제를 집중적으로 거론하지 않는다는 점이다. 이런 침묵은 식량 가격이 오르면 선진국 경제에 당장 큰 타격을 주지만, 열대우림 파괴가 당장 선진국에 미치는 영향은 적은 것과 무관치 않을 것이다.

두 가지 방향, 우리는 어디로 갈 것인가?

열대우림 지역이나 산림 지역에서 초국적 기업이 바이오 연료를 만들고자 산림을 벌채한 후 대규모 플랜테이션을 운영한다. 지역 원주민은 대규모 농장이 들어서면서 원래 살던 곳에서 쫓겨난다. 소농은 농지가 편입된 후 플랜테이션 농장에서 임노동자로 일한다. 단일 작물을 대량으로 생산하고자 농약, 비료를 뿌리고 작물 재배에 지하수를 사용한다. 그렇게 생산된 바이오 연료는 전량 수출한다. 수입국에서는 여전히 자동차 중심의 교통 체제가 유지된다.

> 값싼 수입 농산물 탓에 경쟁력을 잃어 휴경을 했던 땅에 지역의 농민들이 협동조합을 만들어 유채를 재배하고 기름을 만들어서 주변의 학교에 급식용으로 제공한다. 아이들이 먹을 기름을 만드는 것이기 때문에 농약과 비료를 거의 사용하지 않는다. 학교 급식을 통해 생긴 폐식용유로 바이오디젤을 만든다. 이 바이오디젤로 우선 트랙터와 콤바인 등 지역의 농기계를 움직이는 데, 그리고 지역의 대중교통 수단을 움직이는 데 사용한다. — '바이오 에너지의 명과 암, 이분법적 대비를 넘어서', 《환경과생명》, 2007년 가을(제53호), 87~103쪽

윤순진 교수는 식물 연료와 관련된 두 가지 미래상을 제시했다. 그는 "표면적으로 동일한 식물 연료라고 해서 모두 같은 효과나 결과를 얻는 것은 아니라"며 "바이오 연료를 어떤 관점과 관심에서 접근하는지, 무엇을 어떻게 고려하는지, 누가 어떤 목적을 가지고 추진하는지에 따라 상당히 다른, 심할 경우는 대조적인 결과가 나

올 수 있다."라고 지적했다.

현재 국내에서 제주도, 전북 부안 등에서는 두 번째 방향으로 바이오 연료를 이용하려는 노력이 진행되고 있다. 그러나 국내 대다수 언론은 이런 국내 사정에는 눈 감은 채, 외국의 맥락에서 생산된 외국 기사에만 의존하면서 식물 연료 비판에 골몰하고 있다. 특히 아직 국내 도입 자체가 미지수인 바이오에탄올 비판에 열을 올리는 진풍경도 보인다.

이런 상황을 두고 윤순진 교수는 "지속 가능한 교통 체제라는 관점에서 우선적으로 (자동차 중심의) 교통 수요를 줄여 나가되, 식물 연료 생산과 이용에 따라 발생 가능한 문제점을 사전에 예측하고 인지하여 이를 미연에 막는 것이 중요하다."라며 "바이오 연료의 긍정적 가능성에만 초점을 맞추거나 부정적 측면에만 골몰하는 것은 둘 다 적절하지 않다."라고 꼬집었다.

「세계 식물 연료 大戰! '나는' 유럽, '기는' 한국」
강양구,《신동아》, 2006년 11월호(제566호), 340~349쪽.

이 글은 식물 연료의 최근 동향과 국내의 대응이 간략하게 소개
되어 있다. 특히 이 글에는 바이오디젤, 바이오에탄올과 달리 식물
성 기름을 정제해서 바로 디젤엔진의 연료로 사용하는 순수 식물
연료도 함께 소개하고 있다. 현재 한국 정부는 유럽 연합과 달리 순
수 식물 연료를 기존의 수송 연료를 대신할 수 있는 재생 가능 에너
지로 인정하지 않고 있다.

『약탈자들: 숲을 향한 전방위적 공격』

데릭 젠슨·조지 드래편, 김시현 옮김, 실천문학사, 2007년.

식물 연료가 초래할 수 있는 여러 가지 문제점 중에서 가장 심각한 것은 열대우림 파괴다. 식물 연료를 생산하기 위해 열대우림을 파괴한다면 화석 연료보다 더 끔찍한 재앙을 초래할 수 있기 때문이다. 기업의 이윤 추구를 위해서 1분마다 60헥타르의 숲이 파괴되고 있는 현실을 생생히 보여 주는 이 책은 이런 우려를 더 강하게 한다. 그러나 이 책은 직접 식물 연료를 생산하기 위해 열대우림이 파괴되는 현장을 직접 보여 주지는 않는다. 우려할 만한 현실을 더 생생히 보기 위해서는 문화방송(MBC)의 국제 시사 프로그램 「W」가 2007년 4월 13일 방송한 '위기의 인도네시아 오랑우탄: 친환경 에너지의 환경 파괴 현장'을 보라.

『굶주리는 세계』

식량과발전정책연구소(Food First), 허남혁 옮김, 창비, 2003년.

식량과발전정책연구소와 그 연구원은 식물 연료의 가장 강력한 비판자다. 이 단체는 이 책을 통해 전 세계의 식량을 둘러싼 문제점을 명쾌하게 파헤쳤다. 먹을거리가 부족한 게 아니라 민주주의가 문제라는 이 책의 결론은 큰 충격을 준다. 에너지 문제와 함께 또 다른 전 세계 차원의 문제인 식량 문제의 바른 이해를 위해서 꼭 읽어야 할 책이다. 이 책의 논리의 연장선상에서 밀, 보리, 옥수수, 콩과 같은 식량을 수송 연료의 원료로 사용하는 것은 바람직하지 못하다. 실제로 식물 연료에 관심이 모아지자 밀, 옥수수, 콩의 가격이 들썩이기도 했다. 그러나 앞에서 언급했듯이 비식용 작물을 활용한 식물 연료가 계속 개발되고 있다. 문제점을 충분히 인식하고 그것을 극복할 대안을 찾는 노력이 필요하다.

Chapter 6

전기료 월 200원, 나머지는 '해님'이 낸다

"빛고을." 광주를 따로 부르는 이름이다. 10여 년 전부터 이 이름에 걸맞는 조용한 변화가 이곳에서 진행되고 있다. 바로 광주를 '태양 도시'로 탈바꿈시키려는 계획이 민·관 주도로 진행되고 있는 것이다. 과연 독일 프라이부르크와 같은 환경 도시가 한국에도 등장할 수 있을까?

광주에서 태양광 발전기는 더 이상 신기한 존재가 아니다. 시내 곳곳에서 태양광 발전기를 쉽게 찾을 수 있는데, 광주시청 주차장에 설치된 태양광 발전기(100킬로와트), 김대중컨벤션센터 주차장에 설치된 태양광 발전기(1,000킬로와트)는 대표적인 예다. 2006년 말 현재, 광주에는 총 90곳에 총 2,200킬로와트의 태양광 발전기가 설치되어 있다.

1년 만에 전기 요금 3만 원에서 200원으로 줄다

이렇게 광주 곳곳에 설치된 태양광 발전기 중에서 가장 눈에 띄는 것은 광주 남구 행암동 신효천 마을에 설치되어 있다. 총 64가구가 사는 이 마을에는 집집마다 2.1킬로와트 태양광 발전기가 설치되어 있다. 62가구가 사는 인근 도동 마을 집집마다 설치된 2킬로와트 용량의 태양광 발전기까지 염두에 두면 모두 252킬로와트 규모다.

신효천 마을이 '태양 마을'이 된 데에는 사연이 있다. 애초 이 마을 주민은 1.5킬로미터 떨어진 효천 마을에서 살고 있었다. 그 마을 터에 쓰레기 매립장이 들어서면서 이들은 2003년 10월 지금의 신효천 마을로 집단 이주를 했다. 새 마을에 정을 붙이던 이들은 마침 산업자원부가 2004년부터 시작한 '태양광 주택 10만 호 보급 사업'에 참여하기로 마음먹는다.

총 사업비 15억 1000만 원 중에서 70퍼센트(10억 5000만 원)는 정부가 부담하고, 나머지 30퍼센트는 주민이 한 가구당 708만 원씩 부담했다. 2004년 12월 태양광 발전기가 설치되고 그로부터 2년 남짓 지난 지금 주민의 만족도는 높은 편이다. 한 언론이 2006년 2월 신효천 마을 64가구를 상대로 만족도 조사를 한 결과 전체의 96.5퍼센트가 "태양광 발전기 설치하기를 잘했다."라고 답했다.

태양광 발전기 설치 당시 중추 역할을 맡았던 이 마을 주민 최민호 씨는 "마을 주민 대다수가 태양광 발전기를 설치한 것을 잘했다고 생각한다."라며 한 번 더 태양광 발전기 설치에 긍정적인 주민의 만족도를 확인해 주었다. 마을 주민이 이렇게 높은 만족도를 표시하는 데는 다 이유가 있다.

최 씨는 태양광 발전기 설치 전후를 비교할 수 있는, 자기 집의 전기 요금 청구서 두 장을 보여 줬다. 태양광 발전기를 설치하기 전인 2004년 5월에는 전기 요금이 3만 3230원이었다. 태양광 발전기를 설치한 후 2005년 4월에는 비슷한 시기인데도 전기 요금이 단돈 200원밖에 나오지 않았다.

최 씨는 "태양광 발전기를 설치한 후 한 가구당 연간 30만~40만 원의 전기 요금이 절감되고 있다."라며 "처음에 투자했던 돈을 회수하려면 한 20년 정도 걸리는 셈"이라고 설명했다. 이자율과 전기 요금 인상률이 비슷한 수준을 유지하고, 태양광 발전기의 수명이 25년이라는 점을 염두에 두면 장기적으로는 이익을 보는 셈이다.

태양 에너지 이용 여건, 독일보다 낫다

태양 에너지 이용에 회의적인 이들은 국내의 일사량을 흔히 문제 삼곤 한다. 그러나 국내 평균 일사량은 제곱미터당 3,042킬로칼로리(kcal/m2)로 네덜란드(2,450킬로칼로리), 독일(2,170킬로칼로리), 일본(2,800킬로칼로리)보다 훨씬 높다. 일사량만을 놓고 보면 국내에서 태양 에너지 활용을 등한시해 온 게 이상할 정도다. 특히 광주는 3,648킬로칼로리나 되어 전국에서 태양 에너서 이용의 최적지로 평가받아 왔다.

일반적인 상식과는 달리 태양광 발전기는 흐린 날에도 전기를 생산한다. 보통 태양광 발전기는 해가 전혀 없는 날에도 20~30퍼센트의 전기를 생산한다. 광주를 찾은 2007년 4월 16일, 비가 추적추

광주에서 태양광 발전기는 더 이상 신기한 존재가 아니다. 김대중컨벤션센터 주차장의 태양광 발전기(위)와 광주시청 주차장의 태양광 발전기(중간).

광주 곳곳에 설치된 태양광 발전기 중에서 가장 눈에 띄는 곳은 광주 남구 행암동 신효천 마을에 설치된 태양광 발전기다. 총 64가구가 사는 이 마을에는 집집마다 2.1킬로와트 태양광 발전기가 설치되어 있다(아래).

적 내리는 날이었지만 시내 곳곳에 설치된 태양광 발전기는 어김없이 전기를 생산하고 있었다.

　태양 에너지 이용에 지청구를 놓는 이들이 또 문제 삼는 것은 태양광 발전기를 설치할 넓은 공간이다. 좁은 국토에 태양광 발전기를 설치할 공간이 있겠느냐는 것. 이런 지적에 대해서도 광주는 좋은 보기다. 건물 지붕·외벽 등 아무런 쓸모없이 노출된 공간이 태양광 발전기를 통해 전기를 생산하는 공간으로 변모했기 때문이다.

　특히 김대중컨벤션센터에 설치된 태양광 발전기(1,000킬로와트)는 자투리 공간 활용의 대표적 성공 사례. 동→남→서로 해의 위치를 추적하도록 설치된 이 태양광 발전기는 전기를 생산할 뿐 아니라 주

일반 상식과 달리 태양광 발전기는 흐린 날에도 전기를 생산한다. 광주를 찾은 2007년 4월 16일, 비가 내리는 날이었지만 광주시청 주차장에 설치된 태양광 발전기는 어김없이 전기를 생산하고 있었다.

차장에 그늘을 만든다. 광주환경운동연합 김광훈 사업국장은 이를 "태양광 발전기를 도시의 열섬 현상을 막는 데 활용한 예"라고 설명했다.

광주는 이렇게 건물을 지을 때 자투리 공간을 적극 활용하기 위해서 2004년 6월 전국에서 최초로 '태양 에너지 도시 조례'를 제정했다. 민주노동당 소속 윤난실 시의원이 중심이 되어서 제정한 이 조례는 "연면적 3,000제곱미터 이상의 신축 공공 건물에 한해 표준 건축비의 5퍼센트를 재생 가능 에너지 설비에 투자하도록 의무화"하고 있다.

청소년을 태양 에너지 지지자로 만들자

국내에서 태양 에너지 이용과 관련해 단연 돋보이는 광주지만 여러 가지 개선해야 할 점도 눈에 띈다. 지난 2002년 2월 국내에서 최초로 태양광 발전기를 부착한 주택 단지로 설계된 조선 대학교 기숙사는 이른바 '보여 주기'식 행정의 폐해를 적나라하게 드러내는 예다. 이곳에 설치된 태양광 발전기(53킬로와트)는 모두 정남쪽이 아닌 남서쪽을 향하고 있다.

김광훈 국장은 "태양광 발전기의 효율을 높이기 위해서는 정남쪽을 향해 설치하는 것이 상식"이라며 "태양광 발전기가 남서쪽을 향하다 보니 이곳의 효율은 떨어질 수밖에 없다."라고 지적했다. 그는 "게다가 남서쪽 바로 앞에 고층 아파트까지 들어설 예정이어서 앞으로 태양광 발전기의 효율은 더욱 떨어질 것"이라고 내다봤다.

국내에서 손꼽히는 태양 마을로 자리매김한 신효천 마을을 독일 프라이부르크의 보봉 마을처럼 생태 마을의 본보기로 만들지 못하는 것도 문제점으로 지적되었다. 김광훈 국장은 "신효천 마을을 보기 위해서 1년에 전국에서 수백 명이 방문한다."라며 "광주시가 의지만 있다면 이 신효천 마을, 도동 마을 인근을 관광지로 만들 수도 있다."라고 답답해했다.

김광훈 국장은 "현재 신효천 마을, 도동 마을 인근에는 고층 아파트가 들어설 계획"이라며 "빛고을이라는 이름에 걸맞는 좀더 적극적인 노력이 필요하다."라고 지적했다. 그는 "광주시가 태양 에너지 도시를 표방하면서도 정작 태양 에너지와 관련된 산업 유치가 더딘 것도 문제"라고 덧붙였다.

광주시는 이제 막 걸음마를 뗀 것에 불과하다며 좀더 지켜봐 주기를 주문했다. 광주시 에너지 담당 류용빈 씨는 "2020년까지 시의 온실 기체 배출량의 20퍼센트인 70만 톤을 저감하고자 지속적인 노력을 기울이고 있다."라며 "현재 태양광·열 관련 업체가 12개뿐이지만 앞으로 한국전력공사 이전과 함께 본격적인 재생 가능 에너지 산업 육성에 박차를 가할 것"이라고 설명했다.

광주의 실험은 지역에 걸맞는 재생 가능 에너지로의 전환 시나리오가 필요함을 보여 주는 좋은 예다. 김광훈 국장은 "태양 에너지는 광주에 가장 적합한 재생 가능 에너지"라며 "재생 가능 에너지로 전환하려는 각 도시마다 그 도시에 가장 적합한 재생 가능 에너지를 찾으려는 노력이 필요하다."라고 지적했다.

광주를 태양 도시로 만드는 데 앞장서 온 광주환경운동연합은 시민을 상대로 한 에너지 교육에 활동의 큰 비중을 두고 있다. 김광훈 국장은 "에너지 전환이 성공하려면 시민이 에너지 문제에 관심을 갖고 태양 에너지를 지지하는 것이 필요하다."라며 "특히 어린이, 청소년을 상대로 한 에너지 교육에 중앙, 지방 정부가 적극적으로 나서야 한다."라고 말했다.

김광훈 국장은 "일단 어린이, 청소년이 태양 에너지로의 전환을 지지하게 되면 시간이 지날수록 에너지 전환에 힘을 받게 될 것"이라고 덧붙였다. 실제로 그가 보여 준 어린이들이 태양을 소재로 그린 갖가지 그림은 어린이, 청소년을 태양 에너지 지지자로 만드는 일

지난 2002년 2월 국내에서 최초로 태양광 발전기를 부착한 주택 단지로 설계된 조선 대학교 기숙사 '그린빌리지'는 이른바 '보여 주기'식 행정의 폐해를 적나라하게 드러내는 예다. 이곳에 설치된 태양광 발전기(53킬로와트)는 모두 정남쪽이 아닌 남서쪽을 향하고 있다.

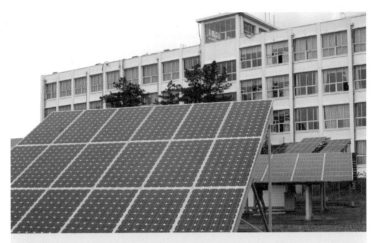

태양 에너지 관련 시장은 전 세계적으로 급성장하고 있다. 하지만 2006년 국내에 설치된 태양광 발전기의 67퍼센트는 외국산인 것으로 확인되었다.

이 꼭 필요한 일이고, 또 그다지 어려운 일만은 아님을 보여 준다.

태양 에너지 육성, 갈 길 멀었다

태양 에너지 관련 시장은 전 세계적으로 급성장하고 있다. 한국에너지기술연구원의 자료를 보면, 태양광의 세계 시장 규모는 2010년 300억 달러(30조 원)에 이를 것으로 전망되고 있다. 최근에는 태양광 발전기의 핵심 부품인 태양전지가 전 세계적인 공급 부족으로 가격이 급등하기도 했다.

특히 일본은 태양광 시장의 50퍼센트를 차지하며 시장을 선도

하고 있다. 태양전지의 경우 시장의 85퍼센트를 차지하고 있는 10대 업체 가운데 샤프(21퍼센트), 교세라(11퍼센트), 산요(8퍼센트) 등 일본 기업이 상위권을 차지하고 있다. 일본은 2010년까지 1,000메가와트(MW, 1MW=1,000KW)급 원자력 발전소 5기에 해당하는 태양광 발전기를 보급할 예정이다(4,820메가와트).

이런 일본의 약진과 비교할 때, 한국의 태양광 시장은 그야말로 영세하기 짝이 없다. 2004년 전 세계 태양광 시장의 규모 724메가와트와 비교할 때, 한국은 6메가와트로 0.8퍼센트 수준에 불과했다. 2004년부터 시작된 태양광 주택 10만 호 보급 사업 탓에 태양광 시장이 급속히 확대되고 있긴 하나 여기서도 외국산 태양광 발전기가 대부분이다.

2006년 국내의 태양광 발전기의 67퍼센트는 외국산인 것으로 확인되었다. 이는 일본, 독일이 70퍼센트 이상 자국산을 쓰는 것과 크게 대조되는 대목이다. 이와 관련해 국내 태양광 업계 관계자는 "정부가 태양광 산업 육성을 위해 국산 태양광 발전기를 배려해 주는 정책이 필요한데 현실은 그렇지 못하다."라고 하소연했다.

그는 "업체마다 차이는 있지만 국산 태양광 발전기는 일본, 독일과 비교했을 때 크게 질이 떨어지지 않는다."라며 "사후 관리까지 고려하면 오히려 국산 제품이 더 나을 수도 있다."라고 설명했다. 그는 "정부가 2010년까지 519메가와트로 태양광 발전기를 보급하는 목표를 실현하려면 지금보다 훨씬 더 태양광 산업을 육성하기 위해 노력해야 할 것"이라고 강조했다.

그러나 현실은 거꾸로 가고 있다. 현재 국내 6개 업체가 태양광 발전기 국산화에 성공했지만 2007년부터 정부가 인증 제도를 시행하면서 사실상 판로가 막혀 있다. 외국 업체가 이미 국제 인증을 획득한 반면 국내 업체는 2007년 4월 현재 인증 제도를 통과한 제품이 없기 때문이다.

이런 상황에서 정부가 인증 제도를 통과한 제품 사용을 고집하면 국산 제품은 설 자리가 없다. 국내 업체도 2007년 하반기면 국제, 국내 인증을 취득하는 제품을 갖게 된다. 10여 년간의 시행착오를 통해 국내 업체도 품질 경쟁력을 높인 만큼 정부가 사후 인증을 받는 조건으로 국산 제품을 사용하는 등의 배려가 필요한 시점이다.

어린이들이 태양을 소재로
해서 그린 다양한 그림들

걱정 마, 우리에겐 원자력이 있잖아!

석유 고갈 사태의 도래를 경고하는 목소리가 높아지고, 지구 온난
화에 따른 기후 변화 문제가 전 세계적 의제로 떠오르면서 새삼 원
자력 에너지가 다시 주목받고 있다. 가장 극적으로 원자력 에너지
의 부활을 선언한 이는 바로 옥스퍼드 대학교 제임스 러브록(James
Lovelock) 명예교수다.

1970년대 초 지구를 하나의 생명체로 보는 '가이아 이론'을 제
시해 환경 운동에도 적지 않은 영향을 준 이 원로는 평소 기후 변화
야말로 세계가 직면한 가장 중요한 문제라고 강조해 왔다. 기후 변
화로 지구가 결딴날 수도 있다는 절박함은 결국 1970년대 이래 역
사의 뒤안길로 사라질 위기에 처한 원자력 에너지를 불러오기에 이
른다.

흔히 사람들은 원자력 에너지를 이산화탄소와 같은 온실 기체
배출이 없는 '깨끗한 에너지'라고 인식한다. 또 초기에 투자 비용이
많이 들기는 하지만 일단 지어놓으면 값싼 에너지를 대량으로 얻어
낼 것으로 기대한다. 더구나 최근에는 예전과 달리 사고 발생 위험
도 크게 줄어들었다고 하니 굳이 원자력 에너지를 거부할 이유가
없어 보인다.

바로 러브록 교수는 이런 '상식'에 기댄다. 그의 '전향'은 국내외

언론의 큰 주목을 받았다. 원래 도중에 입장을 바꾼 사람은 아주 잘 팔리는 기삿거리다. 더구나 그는 언론이 좋아할 만한 말도 빼놓지 않았다. "한때는 재생 가능 에너지를 믿었지만, 그것은 잘못된 생각이었다." 그러나 과연 원자력 에너지가 대안일까?

깨끗한 에너지?

원자력 에너지는 깨끗하지 않다. 원자력 발전소에서 나오는 방사성 폐기물은 사실상 영구적으로 생태계와 격리해서 처리해야 한다. 현재 전 세계 어느 국가도 쓰고 남은 핵 연료와 같은 고준위 방사성 폐기물을 보관할 수 있는 장소를 확보하지 못하고 있다. 그리고 그 장소를 확보하는 과정에서 세계 곳곳에서 갈등이 계속되고 있다. 우리나라의 2003년 '부안 사태'는 가장 좋은 예다.

가끔씩 원자력 에너지를 옹호하는 이들조차도 고준위 방사성 폐기물 처리장의 부재(不在)를 모르고 있어서 놀랄 때가 있다. 원자력 에너지를 이용한 지 거의 반세기가 지났고 2008년 현재 전 세계 31개 국가에 439기의 원자력 발전소가 있는데, 이들 발전소로부터 나오는 폐기물을 처리할 수 있는 공간은 세계 어느 곳에도 마련되어 있지 않다.

원자력 발전소는 온실 기체를 배출하지 않으니 깨끗한 에너지라고 주장하는 이들이 있다. 물론 원자력 발전소는 화력 발전소와 비교하면 이산화탄소를 훨씬 더 적게 배출한다. 1,000메가와트 발전소를 1년간 가동할 때 석유 약 150만 톤이 필요하다. 원자력 발전소는 단 30톤의 우라늄으로 이 발전소를 같은 기간 동안 가동할 수 있다. 그러나 진실은 다르다.

연료로 쓰이는 우라늄을 채굴, 운반, 정제하는 과정을 다 고려하면 어떨까? 30톤의 우라늄을 정제하기 위해서는 (우라늄 광석에 포함된 우라늄의 함량이 0.3퍼센트로 비교적 높다고 가정한다면) 우라늄 광석 1만 톤 정도가 필요하다. 통상적으로 우라늄을 추출하는 과정에서 50퍼센트 손실이 발생하기 때문에 30톤의 우라늄을 얻으려면 우라늄 광석 2만 톤 정도를 캐야 한다.

바로 이 과정에서 석유 80만 톤이 필요하다. 더구나 앞으로 똑같은 양의 우라늄을 얻기 위해 캐내야 할 우라늄 광석의 양은 더 늘어날 것이다. 원자력 에너지를 확대할수록 우라늄이 고갈될 것이므로 우라늄의 함량이 낮아서 지금까지는 거들떠보지 않았던 저질 우라늄 광석까지 캐야 하기 때문이다. 결국 소비하는 석유도 훨씬 더 늘게 된다.

우라늄 공급 위기가 생각보다 빨리 올 수도 있다. 우라늄 가격이 2000년대 들어 급격하게 오르는 것도 그런 징후 중 하나다. 우라늄 공급이 획기적으로 늘지 않는다면 2013년부터 우라늄 공급에 큰 차질이 생길 것이다. 지금 원자력 에너지는 전 세계 1차 에너지 소비량의 고작 2.3퍼센트만 충당하고 있다. 우라늄 공급이 여의치 않으면 이 비율은 결코 높아질 수 없다.

이런 사정 탓에 기후 변화 협약「교토 의정서」는 원자력 에너지를 깨끗한 에너지로 인정하지 않는다. 2001년 7월 독일 본에서 열린 기후 변화 협약 총회는 원자력 에너지를 확대함으로써 온실 기체를 줄였다고 하더라도 그것을 인정하지 않기로 했다. 온실 기체에 더해 그보다 더 치명적인 쓰레기를 내놓는 원자력 에너지가 결코 미래 에너지가 될 수 없음을 명확히 한 것이다.

값싼 에너지?

원자력 에너지가 값이 싸다는 인식도 바로잡아야 한다. 원자력 에너지를 통해 생산한 전기가 싼 이유는 그것에 마땅히 포함되어야 할 온갖 비용이 누락되어 있는 탓이다. 원자력 발전소가 초래할 온갖 위험을 예방하기 위한 비용, 방사성 폐기물을 처리하는 비용 등이 원자력 에너지의 발전 비용에는 포함이 안 되어 있다.

실제로 정부는 중·저준위 방사성 폐기물 처리장을 환영하는 지방 자치 단체가 없자 3000억 원의 보상금을 미끼로 내세웠다. 이밖에도 중·저준위 방사성 폐기물 처리장을 건설, 관리하는 데도 막대한 비용이 들 수밖에 없다. 그러나 현재의 국내 원자력 에너지 발전 비용에는 이런 비용이 누락되어 있다. 이렇게 누락된 비용을 염두에 두면 이 에너지는 훨씬 비싸다.

또 원자력 에너지는 그간 각종 면세 조치를 비롯한 막대한 투자 지원을 받아 왔다. 1950~1992년 경제 협력 개발 기구 국가는 원자력 에너지를 연구, 개발하는 데 총 3180억 달러를 지출했다. 경제 협력 개발 기구에 포함되지 않은 국가까지 포함하면 지난 반세기 동안 원자력 에너지 연구, 개발 비용은 최소 1조 달러에 달한다. 같은 기간 동안 풍력, 태양 에너지와 같은 재생 가능 에너지를 연구,

개발하는 데 들어간 비용은 고작 400억 달러에 불과하다.

이렇게 막대한 비용을 쏟아 부었지만 여전히 원자력 에너지의 경쟁력은 위태롭기 짝이 없다. 1970년대 중반을 기점으로 원자력 에너지의 성장이 주춤한 데는 부정적 여론뿐 아니라 원자력 발전소를 유지하는 데 드는 비용이 상승한 탓도 크다. 앞으로 우라늄 광산의 채산성이 낮아지면 원자력 발전소의 비용은 더욱 더 커질 것이다.

2010년을 전후해 각국이 1970년대에 건설했던 원자력 발전소의 유효 기간이 다할 전망이다. 원자력 에너지를 확대하기 위해서는 다시 원자력 발전소 건설에 막대한 투자를 할 수밖에 없다. 기존에 운영하던 수백 기의 원자력 발전소는 그 자체로 긴박하게 해결해야 할 폐기물이기 때문에 처리 비용까지 염두에 둬야 한다. 결국 그 부담은 누가 지게 될까?

상황이 이렇다 보니 원자력 산업계는 원자력 에너지의 연구, 개발만큼 홍보에 더 많은 신경을 쓴다. 미국 원자력 에너지 협회(NEI)는 해마다 수백만 달러를 홍보에 쏟아 붓는다. 한국 역시 마찬가지다. 오직 원자력 에너지를 홍보하는 것이 기관의 목적인 한국원자력문화재단은 2006년 120억 원의 예산을 가져갔다.

안전한 에너지?

심지어 원자력 에너지의 부활을 노리는 이들은 이런 말까지 한다. "원자력 에너지는 안전하다." 이들은 수십 년간의 연구, 개발을 통해 사고 발생 위험이 크게 줄어든 원자력 발전소의 등장을 예고한다. 그러나 원자력 에너지의 위험은 시간이 지날수록 더 커지고 있다. 지금 세계는 원자력 에너지가 각광을 받던 1950~1970년대와는 전혀 다르다.

2003년 MIT와 하버드 대학교의 연구자 9명은 공동으로 「원자력 발전의 미래(The Future of Nuclear Power)」라는 보고서를 펴냈다. 이 보고서는 원자력 에너지가 기존의 화석 연료를 대체할 것이라고 전망하면서, 이런 전망이 실현되려면 생산 비용, 폐기물 문제 등을 해결해야 할 것이라고 지적했다.

이 보고서에서 특히 눈에 띄는 부분이 있다. 바로 다수의 원자력 에너지 예찬론자의 주장과는 달리 여전히 원자력 에너지의 중요한 약점으로 그 '위험'을 언급하고 있기 때문이다. 이 보고서는 "사고 발생 위험은 줄었지만 원자력 연료의 수송, 원자력 발전소 테러 등에 대비해야 할 것"이라고 경고했다.

실제로 전 세계 439기의 원자력 발전소는 테러의 대상이 되면 한 순간에 치명적인 '흉기'가 될 수 있다. 2000년대 들어 극렬한 양상을 보이는 테러리스트들이 원자력 발전소를 언제까지 가만 놓아두리라고 낙관할 만한 근거는 전혀 없다. 더구나 원자력 발전소의 통제가 기업으로 넘어가는 최근 추세를 염두에 두면 불안감은 더 커진다.

북한, 이란의 핵무기 개발을 통해 알 수 있듯이 이른바 원자력 에너지의 '평화적 이용(원자력 발전)'과 '군사적 이용(핵무기)'의 경계는 애매모호하기만 하다. 프랑스의 세계에서 가장 높은 원자력 에너지

의존도가 핵무기의 보유 욕심과 떼려야 뗄 수 없다는 것은 주지의 사실이다. 중국, 일본이 원자력 에너지 의존도를 높이려는 것도 이런 사정과 무관하지 않다.

앞으로 우라늄 광산의 채산성이 낮아지면 각국은 원자력 에너지의 '평화적 이용'을 목적으로 사용한 핵연료를 재처리해서 플루토늄을 생산할 것이다. 이렇게 생산된 플루토늄은 언제든지 핵무기 생산에 이용될 수 있다. 물론 구태의연한 테러 효과에 식상한 일부 테러리스트들이 이 플루토늄을 그대로 놓아둘 것이라는 보장도 없다.

원자력은 절대 아니다

1952년 미국의 해리 트루먼(Harry Shippe Truman) 대통령은 임기 말, 새로운 미국의 미래 에너지 계획을 제시했다. 1975년이 되면 미국에서 1500만 가구가 태양 에너지를 이용해 발전, 난방을 할 것이라는 내용이었다. 이렇게 미국을 '태양의 나라'로 바꾸려는 비전은 공화당의 드와이트 아이젠하워(Dwight David Eisenhower)가 대통령으로 당선되면서 좌초했다.

아이젠하워가 대통령으로 당선되는 과정에서 덩치가 큰 전기 회사가 큰 역할을 했다. 그들은 태양 에너지를 '빨갱이들이 선호하는 에너지'라고 공격하면서 '원했력 에너지'가 미래 에너지라고 대대적으로 홍보했다. 중앙 집중적인 전기 공급망을 독점하면서 막대한 이윤을 올리고 있던 이들 기업의 입장에서, 지역 분산적인 전기 공급망이 가능한 태양 에너지는 회사의 존립 기반을 뒤흔드는 위협이었다.

　결국 전기 회사의 후원으로 당선된 아이젠하워는 태양 에너지 대신 원자력 에너지를 선택했다. 웨스팅하우스와 같은 전기 회사는 정부의 막대한 지원을 받으며 원자력 발전소를 짓는 한편, 군과 공동으로 원자력 잠수함을 개발했다. 물론 이 기업은 '값싼' 화석 연료에 대한 의존 역시 낮추지 않았다.

　반세기가 지난 지금 또 다시 원자력 에너지와 태양 에너지 사이의 한판 싸움이 시작되었다. 이 싸움의 최종 승자가 누가 될지에 따라서 인류의 미래는 크게 달라질 것이다.

진짜 돈 버는 방법은 따로 있다!

태양광 발전기와 같은 재생 가능 에너지를 보급하고자 할 때, 한정된 자원을 가장 효과적으로 사용하려면 어떤 방법을 선택해야 할까? 앞에서 소개한 태양광 주택 10만 호 보급 사업은 정부가 태양광 발전기를 통해 직접 보조를 하는 방법이다. 그러나 다른 방법이 훨씬 더 효과적이라는 지적도 있다. 아래에서 설명하는 방법을 살펴보고 한 번 비교해 보자.

현재 정부는 태양광 발전기를 보급하고자 다른 방법을 도입했다. 약 2100만~2500만 원이 드는 초기 비용을 자신이 부담해 3킬로와트 태양광 발전기를 설치하면 생산된 전기를 정부에서 15년간 1킬로와트시당 711.25원에 구매해 준다. 태양광 발전기를 자신이 투자해 설치하면 어엿한 전기 생산·판매자가 될 수 있는 것이다.

신효천 마을의 태양광 발전기를 설치한 S에너지 장인철 이사는 "효율이 높은 경사도 30도로 지붕에 깔 경우 7~9년이면 초기 비용을 모두 회수할 수 있다."라며 "정부 구매 기간 중 나머지 기간(8년) 동안에는 순익을 얻는다."라고 설명했다. 그는 "일사량, 설치 방법 등에 따라 차이는 있지만 태양광 발전기를 설치하면 최대 10년 안에 이익을 얻을 수 있다."라고 덧붙였다.

실제로 에너지전환의 회원 41명이 6500만 원을 마련해 충청북도 괴산 흙살림 연수원에 설치한 8.91킬로와트 태양광 발전소는 2006년 9월부터 전기를 판매해 매월 45만~55만 원의 수익을 올리고 있다. 이 추세대로라면 10년 정도면 원금 회수가 가능하다. 15년이 지난 후에는 일반 전력 거래 가격으로 판매하거나, 전력을 팔지 않고 직접 이용할 수 있다.

정부는 현재 태양광 발전기의 용량이 30킬로와트 미만일 때는 1킬로와트시당 711.25원, 용량 30킬로와트 이상일 때는 1킬로와트시당 677.38원에 구매해 주고 있다. 일반 전력 거래 가격이 1킬로와트시당 50~100원 수준이라는 것을 염두에 두면 거의 10배 정도 비싸게 태양광 발전기에서 생산된 전기를 구매하고 있는 것이다.

'발전 차액 지원 제도'라고 불리는 이 정책은 1992년 독일의 아헨(Aachen)에서 한 시민 단체의 제안으로 시작되었다. 그래서 '아헨 모델'이라고 부르기도 한다. 이 정책의 논리는 간단하다. 새롭게 발전소를 지으면 그 비용을 전기 요금에 반영하듯이 태양광 발전기에서 생산된 전기도 그 생산비를 보장해 주고 대신 그 비용을 전기 요금에 반영하자는 것이다.

1992년 아헨에서 처음 도입된 이 정책은 이후 독일 곳곳으로 퍼졌다. 독일은 2000년 4월 1일 '재생 가능 에너지법'을 제정하면서 이 정책을 독일 전역에서 시행하기로 했다. 아헨 모델을 도입한 곳에서 태양광 발전기의 보급이 크게 늘어나 에너지 전환에 가속도가 붙었기 때문이다.

독일 녹색당의 한스 요제프 펠(Hans Josef Fell) 의원은 "아헨 모델만큼 재생 가능 에너지 보급 촉진에 기여하는 제도는 현재는 존재하지 않는다."라고 단언했다. 실제로 아헨 모델을 정부 정책으로 채택한 독일, 에스파냐, 덴마크 등은 풍력 에너지, 태양 에너지 등 재생 가능 에너지 보급이 이 제도를 채택하지 않은 영국, 프랑스 등과 비교했을 때 크게 늘었다.

실제로 아헨 모델은 여러 가지 장점이 있다. 정부에서 보조금을 주고 각 주택에 태양광 발전기를 다는 방식은 막대한 비용이 드는 반면에 그 효과는 그다지 크지 않다. 우선 정책의 연속성을 보장할 수 없다. 정부가 갑작스럽게 보조금을 중단하게 되면 태양광 발전기 보급은 금방 줄어들게 되고, 결국 태양광 발전기 산업도 고사될 수밖에 없다.

또 보조금을 받아 태양광 발전기를 설치한 이들은 유지 · 보수를 위해 큰 노력을 기울이지 않는다. 유지 · 보수를 위한 보조금은 따로 주어지지 않기 때문이다. 반면 아헨 모델을 채택한 곳에서는 태양광 발전기를 계속 가동해야만 투자 비용을 회수할 수 있기 때문에 각자가 유지 · 보수를 위한 많은 노력을 기울인다.

국내에서는 이 아헨 모델을 2002년부터 도입하고 있다. 그러나 여전히 넘어야 할 산이 많다. 최근 정부는 태양광 발전기의 용량이 30킬로와트 미만일 때 1킬로와트시당 716.4원에 사던 것을 711.25원으로 내려서 에너지전환과 같은 환경 단체나 시민발전 등 소규모 발전 사업자로부터 비판을 받기도 했다. 시민의 자발적 참여에 정부가 찬물을 끼얹고 있다는 것이다.

『원자력 신화로부터의 해방』

다카기 진자브로, 김원식 옮김, 녹색평론사, 2001년.

원자력이 왜 미래 에너지가 될 수 없는지, 조목조목 따져 들어
간 책이다. 다카기 진자브로는 원자력을 연구하는 과학자 출신으
로 일본의 반핵 운동을 주도했다. 같은 출판사에서 번역되어 나온
그의 다른 책 『시민과학자로 살다』는 그가 왜 반핵 운동에 나설
수밖에 없었는지, 오늘날 과학 기술자의 삶이 어떠해야 하는지를
감동적으로 전한다.

『에너지 전환의 현장을 찾아서』

이필렬, 궁리, 2001년.

재생 가능 에너지로 전환하는 독일 현장을 소개한 책이다. 앞에서
설명한 아헨 모델의 등장 과정도 자세히 소개하고 있다. 특히 독일의
에너지 전환 정책을 개괄한 3부는 지금의 시점에도 여전히 유효한 자
료다. 이 책에서 해설한 2000년 제정(2004년 개정)된 독일의 재생 가능
에너지법은 여전히 독일 에너지 전환 정책의 근간이 되고 있다.

Chapter 7

풍차는 돌고 싶다

풍차는 왜 돌지 않나?

한 방송사의 시사 고발 프로그램은 2006년 12월 이런 제목의 방송을 내보냈다. 풍력 발전의 문제점을 적나라하게 까발린 이 방송은 많은 시민에게 풍력 발전의 문제점을 확실히 각인시켰다. 그러나 과연 풍력 발전은 미래 에너지로서 자격이 없는 문제투성이일까? 대관령 강원풍력발전단지는 다른 답을 보여 준다.

"풍차가 돌지, 왜 안 돌아?"

답답하다. 언론이 풍력 발전을 흠집 내는 것처럼 화력 발전, 원자력 발전의 문제점을 보도했다면 이미 한국은 뒤집어졌을 거다. 재생 가능 에너지나 한국 사회의 에너지 전환에 대한 문제의식이 전혀 없는 기자들이 이제 막 걸음마를 뗀 풍력 발전의 문제점을 왜곡 · 과장해서 알리고 있으니…….

2007년 4월 강원풍력발전 박대문 대표는 기자를 만나자마자 언론을 향한 불편한 심기를 드러냈다. 어지간히 언론 탓에 고생을 한 흔적이 역력했다. 그는 강원도 평창군 삼양 목장(1983.48헥타르), 한일 목장(1322.32헥타르)에 설치된 2메가와트 풍력 발전기 49기 (98메가와트)로 전기를 생산해 2006년 9월부터 판매하기 시작했다. 49기 전체가 상업 운전을 시작한 지는 반년이 조금 넘은 셈이다.

국내에서 두 번째로 상업 풍력 발전을 시작한 강원풍력단지의 여름 전경

강원풍력발전 박대문 대표

　강원풍력발전단지는 국내에서 두 번째로 상업 풍력 발전을 시작한 곳이다. 앞서 2005년 3월 경상북도 영덕군의 영덕풍력발전단지(1.6메가와트 풍력 발전기 24기)가 상업 풍력 발전을 시작했지만, 규모 면에서는 강원풍력발전단지가 두 배나 더 크다. 실제로 대관령을 따라 설치된 49기의 풍력 발전기는 장관이었다.

　이 49기의 풍력 발전기에서 생산되는 전기는 연간 2억 4440만 킬로와트시, 약 5만 가구가 이용할 수 있는 양이다. 대관령 인근 강릉이 10만 가구 정도 되니 강원풍력발전단지에서 생산된 전기로 강릉의 전기 수요량의 절반을 충족할 수 있는 셈이다. 대관령에는 강원풍력발전단지에서 운영하는 49기 외에도 강원도에서 운영하는 4기(660킬로와트)가 따로 있다.

대관령 풍력발전단지, 연 270억 매출

과연 이런 계획이 충족될 수 있을까? 대관령은 국내외 전문가에게 자문을 받은, 국내에서 바람의 질이 가장 좋은 곳이다(평균 풍속 7.5미터/초). 지난 2005년 12월부터 1년간 14기를 가동해 본 결과 연간 가동률은 96퍼센트, 이용률은 28.4퍼센트였다. 즉 1년 내내 대다수 풍력 발전기가 고장 없이 가동했고, 그중에서 28.4퍼센트가 전기를 생산해 냈다는 것.

박 대표는 "이 정도면 애초 목표했던 연간 전기 생산량(2억 4440만 킬로와트시)을 충분히 달성할 수 있다."라고 자신했다. 이렇게 생산된 전기를 판매해서 강원풍력발전이 얻는 매출은 연간 260억 원이다. 순수하게 전기를 판매한 금액만으로도 투자 비용 1600억 원을 늦어도 10년 안에 회수할 수 있다는 이야기다.

앞으로 본격화할 탄소 거래도 새로운 수익원이다. 기후 변화 협약「교토 의정서」는 온실 기체를 배출할 권리를 주식처럼 사고파는 제도를 제안했다. 이산화탄소 배출이 많은 기업이 이산화탄소를 저감하는 강원풍력발전과 같은 기업에게 돈을 지불하고 이산화탄소 배출권을 살 수 있도록 한 것이다.

강원풍력발전단지는 연간 15만 톤의 탄소를 저감한다. 박 대표는 "현재 이산화탄소 1톤당 10달러(약 9,000원)에 거래되고 있다."라며 "이 가격은 변동이 있겠지만 지금 시세대로 따져 보면 연간 13억 5000만 원의 추가 수익이 발생하는 것"이라고 설명했다. 기후 변화 협약「교토 의정서」가 본격적으로 힘을 발휘하면 강원풍력발전단지의 존재는 더욱 그 가치를 인정받게 될 것이다.

박 대표는 "풍력 발전기의 수명이 통상 20년이다. 10년 동안 가동해서 투자 비용을 회수하면 나머지 10년은 온전한 이익이 된다."라며 "초기 투자 비용 1600억 원 중에서 일본 자본이 800억 원을 투자했는데, 그들이 돈을 벌 전망이 없었다면 선뜻 그렇게 큰돈을 내놓았을 리 없다."라고 지적했다.

풍력 발전, 외국 자본에 넘어가다

그러나 대관령에 49기의 풍력 발전기를 놓는 과정은 국내에서 재생 가능 에너지 싹을 틔우는 게 얼마나 어려운지 극명하게 보여 준다. 민주노동당 진보정치연구소는 영덕풍력발전단지, 강원풍력발전단지를 조성하는 과정에서 어떤 일이 있었는지를 시공사, 시행사 관계자를 상대로 심층 면접을 했다.

결과를 보면 참담하다. 우선 인·허가 문제가 쉽지 않았다. 풍력 발전 사업을 하기 위해 온갖 부처로부터 받아야 하는 인·허가는 무려 20가지나 된다. 이렇게 인·허가 과정이 복잡하다 보니 강원풍력발전단지는 준공까지 6년이나 걸렸다. 한 관계자는 "상황이 이러니 대기업을 비롯한 민간 자본이 참여를 꺼리는 것"이라고 증언했다.

두 번째 문제는 재원을 마련하는 어려움이다. 영덕풍력발전의 경우 675억 원의 초기 투자 비용의 70퍼센트 정도를 해외에서 빌려왔다. 처음 국내의 산업은행, 하나은행 등이 관심을 보였으나 결국 떨어져 나간 탓이다. 강원풍력발전 역시 일본 자본이 초기 투자 비용

1600억 원 중 800억 원을 담당했다.

박 대표는 "풍력 발전기에서 생산된 전기는 국민이 낸 돈으로 더 비싸게 사주고 있다."라며 "그런데 이렇게 생긴 수익의 상당액(연 17퍼센트)이 고스란히 해외로 빠져나가고 있다."라고 현실을 설명했다. 다른 관계자도 "가계 대출은 늘리면서도 이런 알토란 같은 사업은 외면해 온 게 국내 은행의 수준"이라고 덧붙였다.

볼트·너트까지 수입, 국산화 시급하다

태양광 산업과 마찬가지로 풍력 산업의 육성이 안 되어 있는 것도 문제다. 민주노동당 에너지 담당 장주영 씨는 "언론에서 '돌지 않는 풍차'라고 문제점을 꼬집으면서도 정작 그 문제점을 해결할 수 있는 답은 보도하지 않는다."라며 "바로 풍력 발전기를 국산화하면 누가 비싼 돈 들여 설치한 풍력 발전기를 놀리겠느냐."라고 지적했다.

강원풍력발전단지에 설치된 풍력 발전기는 덴마크의 베스타스(VESTAS)가 제조한 제품이다. 강원풍력발전은 96퍼센트 가동률을 달성하기 위해 아예 베스타스 직원을 대관령 강원풍력발전 사무실에 상주시킨다. 이들은 일상적으로 풍력 발전기를 점검하면서 문제가 생기면 즉시 해결한다.

또 풍력 발전기의 핵심 부품 2기 분량을 여분으로 창고에 보관하고 있다. 강원풍력발전 기술 담당 김형규 씨는 "이렇게 준비를 했는데도 국산화가 안 되어 있으니 어처구니없는 일이 종종 발생한다."라며 분통을 터뜨렸다. 볼트, 너트만 교체하는 수준의 수리를 굳이

일각에서는 "돌지 않는 풍차"라며 풍력 발전의 문제점을 꼬집지만, 직접 확인한 강원풍력단지에서는 점검 중인 발전기 2기를 제외하고는 47기의 발전기가 열심히 블레이드(바람개비)를 돌리고 있었다.

덴마크에서 볼트, 너트를 가져와야 한다며 풍력 발전기를 세워 놓는 일이 있었다는 것이다.

김형규 씨는 "베스타스는 중국 시장을 노리고 공격적으로 아시아 시장을 개척하고 있다."라며 "강원풍력발전에 파견 나온 베스타스 직원도 중국인"이라고 소개했다. 그는 "풍력 산업을 육성해 풍력 발전기를 국산화하면 한국의 풍력 발전에도 도움이 될 뿐 아니라 중국 시장을 노려볼 수 있다."라고 설명했다.

돌지 않는 풍차, 누가 만드나

'돌지 않는 풍차'의 주범은 따로 있다. 강원풍력발전단지의 인근에 있는 강원도가 운영하는 4기의 풍력 발전기에서 블레이드(바람개비)가 돌지 않을 때가 많아 언론의 질타를 받곤 했다. 이처럼 지방 자치 단체에서 1~2기를 전시용으로 설치해 놓고서, 관리를 제대로 하지 않아 풍력 발전기가 가동하지 않는 경우가 많다는 것.

결국 지방 자치 단체가 나서서 국민의 세금으로 풍력 발전기를 설치해 놓고서 관리를 제대로 하지 않아 세금도 낭비하고, 미래 에너지에 대한 왜곡된 이미지까지 심고 있다는 것이다. 한 업계 관계자는 "풍차가 문제가 아니라 제대로 일을 하지 않는 공무원이 문제"라고 지적했다.

2007년 4월 18일, 49기의 풍력 발전기는 정기 점검 중인 2기를 제외하고는 모두 제대로 가동되고 있었다. 김형규 씨는 "풍속이 25미터/초 이상 되면 정지하기 때문에 아주 센 바람이 부는 겨울보다는 오히려 풍속 15미터/초 정도의 황사가 부는 봄에 훨씬 전기를 많이 생산한다."라며 "풍속 15미터/초가 되면 각 풍력 발전기는 순간 전기 생산 최대치 2메가와트를 생산한다."라고 설명했다.

그러나 이날은 풍속이 시원치 않은지 가동 중인 47기 가운데 5~10기만 순간적으로 2메가와트 가까운 전기를 생산할 뿐이었다. 바람의 질이 가장 좋은 방향으로 자동으로 360도 회전하는 블레이드의 방향도 제각각이었다. 김형규 씨는 "이렇게 블레이드가 제각각인 날은 바람의 질이 좋지 않은 날"이라고 설명했다.

사방에서 불어오는 바람을 맞아가며 전기를 생산하는 풍력 발전기의 모습이 꼭 한국의 풍력 산업의 현실처럼 보였다. 한반도를 넘어 동아시아 전역에서 에너지 전환에 기여하는 한국 풍력 산업의 부흥의 시기는 영원히 오지 않는 걸까? 풍력 에너지의 미래가 한치 앞도 안 보이는 안개에 싸인 대관령과 같이 느껴졌다.

국산은 설 땅이 없다

현재 풍력 발전기의 국산화는 유니슨, 효성중공업 등이 부분적인 성과를 내고 있다. 국산 750킬로와트 풍력 발전기는 이미 상용화 단계에 들어섰고, 대관령에 설치한 2메가와트 풍력 발전기의 국산화가 진행 중이다. 2메가와트 풍력 발전기는 2007년 하반기부터 실증에 들어가지만, 이미 바람의 질이 좋은 곳은 모두 외국산이 점유한 상태라서 보급이 여의치 않은 상황이다.

풍력 산업이 가진 무한한 잠재력을 염두에 두면 안타까운 상황이다. 단적으로 풍력 산업은 상당한 고용 창출 효과가 있다. 1메가와트 풍력 발전기를 생산, 운영할 경우 연간 22명을 1년간 고용할 수 있는 일자리가 생겨난다. 독일(연간 3,000메가와트 풍력 발전기 설치)의 3분의 1 수준만이라도 풍력 산업이 육성된다면, 연간 2만 2000명의 일자리가 창출된다.

장주영 연구원은 "풍력 산업은 국내 시장보다는 동남아시아, 중국처럼 빠른 속도로 성장하고 있는 해외 시장을 겨냥해 전략적으로 육성할 필요가 있다."라며 "더구나 산악 지형이 많아 풍력 발전에 맞

강원풍력단지의 발전기는 모두 수입된 것이다. 몇몇 회사가 국산화를 추진하고 있지만 질 좋은 바람은 모두 외국산이 점유하고 있다.

는 지형이 많을 북한까지 염두에 두면 풍력 발전기 국산화를 비롯한 풍력 산업 육성은 꼭 필요하다."라고 설명한다.

　그러나 현실은 정반대다. 한국전력공사 등이 지대를 이유로 고용량(2.5메가와트 이상)을 요구하고 있어서 국산화된 750킬로와트는 쓸 수 없는 상황이 발생하고 있는 것. 2007년 산업자원부에 풍력 발전기를 구입할 의사를 밝힌 곳은 겨우 강원도, 제주도 두 곳뿐이다. 보급 계획도 단 4기에 불과하다. 여기에도 국산 풍력 발전기가 들어가긴 쉽지 않을 듯하다.

풍력 에너지의 무한한 미래

인하 대학교 손충렬 교수. 손 교수는 화석 연료 대신 재생 가능 에너지를 개발하고 이용할 것을 앞장서 주장해 온 공학자다. 특히 국내에서 손꼽히는 풍력 에너지 분야의 전문가이자, 국내의 에너지 전환 운동을 선도해 온 시민 단체 '에너지전환'이 만들어지는 데 주도적 역할을 했다. 다음은 손 교수와의 풍력 에너지의 미래에 대한 대담이다.

풍력 에너지의 중요성이 강조된 것은 상당히 오래되었지만 여전히 성장은 지지부진하다. 도대체 어디서부터 잘못되었나?

1970년대 석유 파동 이후 세계적으로 풍력 에너지가 큰 관심을 불러일으켰다. 놀랍겠지만 당시 미국은 물론이고 우리나라도 풍력 에너지에 상당한 관심을 가졌다. 이런 관심 탓에 그 시기 풍력 발전기를 제조할 기술력을 확보하고 있었던 네덜란드, 덴마크의 중소기업이 풍력 발전기를 세계 시장에 공급했다.

그러나 석유 파동이 끝나고 1980년대 '저유가 시대'가 되자 갑자기 모든 관심이 중단되었다. 물론 우리나라도 풍력 에너지에 대한 관심과 투자를 끊었다. 하지만 유럽은 달랐다. 특히 덴마크는 정부 차원에서 풍력 에너지에 투자를 계속했다. 중소기업을 살리려는 덴마크의 경제 정책도 그런 투자의 근거가 되었다. 덴마크는 지금도 풍력 발전 산업의 3분의 2 이상이 중소기업 몫이다.

현재는 독일, 덴마크, 에스파냐가 전 세계에서 풍력 발전 산업을 선도하고 있다.

그렇다. 독일이 재생 가능 에너지에 관심을 가지게 된 계기는 1986년 체르노빌 원자력 발전소 사고였다. 이 사건을 계기로 독일 정부, 시민은 원자력 에너지가 결코 미래 에너지가 아니라는 인식을 했다. 1998년 사회민주당(SPD), 녹색당이 연정을 시작하면서 정부 차원의 재생 가능 에너지 보급 확대 정책을 추진하면서 더욱더 가속도가 붙었다.

특히 독일은 1991년 재생 가능 에너지를 통해 생산한 전기를 전력 공급 회사가 의무적으로 구매하도록 규정했다. 이때부터 채산성이 있는 풍력 발전 보급이 크게 증가했다. 풍력 발전은 1990년대 중반까지 해마다 거의 두 배씩 성장해, 2000년대 들어 독일은 세계 최대의 풍력 발전 강국으로 부상한다.

최근 에스파냐의 풍력 발전 산업이 크게 성장하고 있다. 에스파냐도 1996년부터 정부가 나서서 정책적으로 재생 가능 에너지 보급·확대에 나서기 시작했다. 우리나라도 1990년대 중반부터 재생 가능 에너지 육성을 외치기 시작했다. 같은 기간에 우리나라는 제자리걸음만 하고 있는 반면에 에스파냐는 급성장을 한 것이다.

에스파냐는 풍력 발전 산업을 성장시키고자 외국 기업 유치에 적극적으로 나섰다. 대단위 풍력 발전 산업 단지를 조성할 때 덴마크 기업을 유치했다. 그리고 3~4년 동안 덴마크 기업으로부터 풍력 발전 기술을 이전 받아, 자체 기술을 축적했다. 이젠 오히려 에스파냐 기업이 외국 진출을 모색하고 있는 상황이다.

덴마크는 최근 해상 풍력 발전 연구 개발을 주도하면서 두각을 나타내고 있다. 육상 풍력 발전이 포화 상태에 도달하면서 해상 풍력 발전에 나선 것이다. 해상 풍력 발전은 초기 투자 비용이 비싸지만, 육상 풍력 발전보다 중·장기적인 경제성은 훨씬 높은 것으로 전망되고 있다. 영국도 뒤늦게 해상 풍력 발전 연구 개발에 나서고 있다.

최근에는 풍력 에너지와 같은 재생 가능 에너지의 고용 창출, 지역 발전 효과에 주목하기도 하는데……

맞다. 독일에서 재생 가능 에너지는 오히려 고용 창출 효과 때문에 더 주목받고 있다. 재생 가능 에너지 산업이 발전할수록 기존에 없던 새로운 일자리가 생긴다. 또 지역에 기반을 둔 중소기업을 중심으로 풍력 발전 산업을 발전시키면 지역 발전 효과도 낳는다. 독일의 정치가가 재생 가능 에너지를 강조하는 것은 바로 이 점을 알고 있기 때문이다.

제너럴일렉트릭(GE), 로열더치셸과 같은 초국적 기업이 재생 가능 에너지 원천 기술을 독점하려는 움직임도 있다.

정확한 지적이다. 재생 가능 에너지 산업은 지역에 기반을 둔 중소기업이 주도할 수도 있지만 그 반대가 될 수도 있다. 이미 GE, 로

열더치셸에서 발 빠르게 재생 가능 에너지 연구 개발에 적극적으로 나서면서, 재생 가능 에너지 관련 기술을 독점하는 현상이 나타나고 있다.

자칫하다가는 '탈석유 시대'에도 그런 초국적 기업이 여전히 큰 영향을 행사할 가능성이 큰 것 같다. 구체적으로 어떤 움직임이 있는가?

최근 GE와 같은 초국적 기업이 세계 각국의 중소기업을 인수·합병하면서 재생 가능 에너지 산업에서 차지하는 비중을 늘리고 있다. 'GE윈드(GE Wind)'는 이미 2005년 세계 풍력 발전 산업의 17.7퍼센트를 차지하고 있다. 대표적인 석유 기업 로열더치셸도 이미 1999년 태양광 발전기의 핵심 부품인 태양 전지 생산 공장을 독일에 세웠다.

이제 우리나라의 현실을 살펴보자. 독일에서 언제 귀국했나?

1989년에 귀국했다. 처음에는 우리나라가 풍력 발전에 관심을 가지고 있을 거라고 기대도 하지 않았다. 그런데 귀국해 보니 에너지관리공단 이런 데서 재생 가능 에너지 분야에 관심을 가지고 있더라. 재생 가능 에너지 관련 법도 있고, 그래서 국내에서 이 분야의 개척자가 되어 보겠다고 마음먹었다.

그러나 현실은 참담했다. 정부가 풍력 발전 연구 개발을 위해 지원을 하긴 하는데, 항상 거기서 끝나고 만다. 풍력 발전 기술을 개발해도 대개 민간으로 이전이 안 되는 경우가 태반이었다. 항상 계획만 거창했지 정작 실행 단계에 들어서면 좌초되기 일쑤였다.

이런 문제는 지금까지 계속되고 있다.

우리나라 풍력 발전 분야의 기술 수준은 어떤가?

기술력만 따지면 우리나라도 상당한 수준이다. 정작 필요한 것은 따로 있다. 단순히 선진국 따라서 연구 개발만 해서는 안 된다. 동아시아 지역의 재생 가능 에너지 시장이 앞으로 어떻게 될 것인지, 이런 시장 전망을 제대로 해서 재생 가능 에너지 산업을 육성하는 게 필요하다. 연구 개발을 한 결과물이 사장된다면 무슨 소용이 있겠는가?

대기업 중심의 산업 구조도 재생 가능 에너지 산업의 성장을 막고 있는 것 같다.

그렇다. 풍력 발전 산업과 같은 재생 가능 에너지 산업은 중소기업이 중심이 될 때, 그 장점이 부각될 수 있다. 그런데 정작 산업 구조가 대기업 중심으로 짜여 있다 보니, 재생 가능 에너지 산업에 뛰어든 중소기업은 악전고투를 할 수밖에 없다. 이런 상황에서 대기업은 재생 가능 에너지 산업에 투자를 하지 않고 방관하고 있다.

여전히 많은 시민은 풍력, 태양 에너지와 같은 재생 가능 에너지가 국내에서 보급되는 것에 회의적이다. 현실성이 없다고 생각한다.

편견일 뿐이다. 우리나라도 재생 가능 에너지의 전망은 밝다. 풍력 발전을 놓고 보면, 북한까지 염두에 둔다면 다른 재생 가능 에너지에 비해 입지 조건이 상대적으로 좋다. 더구나 풍력 발전은 지난

10여 년 동안 기술 수준도 상당한 수준에 이르렀다. 풍력 발전 단지를 만들더라도 그 지역을 농지, 초지로 동시에 사용할 수 있어서 국토가 좁은 국내 여건에도 맞다.

마지막으로 개인적인 이야기를 하나 묻겠다. 풍력 발전에 어떻게 관심을 가지게 되었나?

독일에서 공부하면서 풍력 발전을 접하게 되었다. 사실 처음에는 잠수함을 만드는 것에 관심이 있어서, 독일에 가서 선박, 잠수함과 같은 원통 구조물을 연구하는 토목공학을 전공했다. 그런데 독일에서 공부를 하면서, 선박 회사들이 풍력 발전 산업으로 뛰어드는 것을 목격하게 되었다.

독일의 활발한 환경 운동으로부터도 큰 자극을 받았다. '아, 재생 가능 에너지에 관심을 가져야겠구나,' 이런 생각을 했다. 다행히 토목공학은 풍력 발전과 연결할 여지가 많아서 공부를 할 수 있었다. 전쟁에 이용하는 잠수함 연구에서 환경을 살리는 풍력 연구로 전환했으니 내 삶도 극적이다.

환경 단체 vs 환경 단체

최근 제주도에서는 풍력 발전 단지 건설을 일부 환경 단체가 앞장서 반대하고 있다. 환경 단체가 적극적으로 옹호하는 풍력 에너지를 환경 단체가 적극적으로 반대하는 현상을 어떻게 봐야 할까? 여기서는 풍력 발전의 환경 훼손 논란의 내용을 살펴본 후, 이런 비판이 나오게 된 원인을 따져 보자. 우선 일문일답 형식으로 논란의 내용을 짚었다.

풍력 발전은 경관을 훼손한다?

100미터 가까운 높이의 풍력 발전기가 들어서면 당연히 경관의 변형이 있을 수밖에 없다. 그러나 경관은 아주 주관적인 느낌이다. 대관령의 53기의 풍력 발전기를 보고 '와, 장관이다.' 이렇게 생각하는 사람도 있고, 있는 그대로의 자연 경관 훼손에 눈살을 찌푸릴 사람도 있다.

풍력 발전기에서 나오는 소음·저주파가 피해를 준다?

일반적으로 대형 풍력 발전기의 경우 500미터 떨어진 곳의 소음은 45데시벨(dB) 수준이다. 이 정도 소음은 교외의 한적한 도로에서 발생하는 소음과 비슷하다. 만약 이 정도의 소음을 문제 삼는다면 도로를 오가는 자동차, 오토바이의 소음이 더 큰 문제다. 그러나 아무도 도로를 오가는 자동차, 오토바이의 소음을 문제 삼지는 않는다.

풍력 발전기에서 나오는 저주파는 인간에게 해를 끼치는 초저주파의 범주에 들어가지 않는다. 더구나 블레이드 밑에서 일부러 서 있지 않는 한 풍력 발전기에서 나오는 저주파의 영향을 받을 가능성은 거의 없다. 왜냐하면 100미터 이상 떨어지면 블레이드가 강하게 돌아도 저주파가 인체에 영향을 주지 못하기 때문이다.

풍력 발전기가 조류(鳥類)에 피해를 준다?

수많은 학술 연구가 진행되었다. 공통된 결론은 이렇다. 풍력 발전기가 철새의 이동로 등에 집중적으로 세워지면 새들의 이동을 방해한다. 그러나 대부분의 지역에서 조류, 박쥐의 피해는 미미하다. 즉 풍력 발전기를 세울 때 철새의 이동 경로만 피한다면 이것은 크게 문제가 되지 않는다.

그림자, 점멸등이 문제가 된다?

풍력 발전기는 대개 주택가로부터 멀리 떨어진 곳에 설치된다. 현재 풍력 발전기는 소음 규정을 제대로 적용할 경우 주택으로부터 500미터 떨어진 곳에 건설하도록 되어 있다. 일부러 풍력 발전기 밑에 서 있지 않는 한 블레이드의 그림자 때문에 스트레스를 받는 사람은 거의 없다.

풍력 발전기는 야간에 충돌 사고를 방지하고자 점멸등이 깜박

인다. 야간에 일부러 오랫동안 풍력 발전기의 점멸등만 쳐다보지 않는다면 점멸등을 보면서 느끼는 혐오감은 서울 남산에서 바라보는 십자가, 네온사인과 크게 다르지 않다. 점멸등이 건강에 영향을 미친다는 연구는 아직 진행된 바 없다.

이렇게 내용을 살펴보면 풍력 발전의 환경 훼손을 주장하는 측은 그 근거가 빈약한 경우가 대부분이다. 그렇다면 이렇게 풍력 발전을 둘러싼 갈등이 발생하는 이유는 무엇일까? 현실적으로 가장 큰 이유는 정부, 기업이 개발 사업을 추진하면서 주민과의 소통에 신경을 쓰지 않은 데 있다. 계획 단계부터 지역 주민과 긴밀히 협의하지 않으면서 '갈등의 불씨'가 생긴 것이다.

그러나 이렇게 계획 단계부터 긴밀하게 협의를 한다고 모든 문제가 해결되지는 않는다. 이런 갈등의 이면에 환경을 바라보는 근본적인 철학의 차이가 존재하기 때문이다. 예를 들어 보자. 백두대간에 풍력 발전 단지를 조성한다면 아무리 신경을 쓴다고 하더라도 환경 훼손은 불가피하다. 환경이 훼손되더라도 에너지 전환을 위해 풍력 발전을 하는 게 필요할까?

현대 산업 사회를 비판하는 이들 중 어떤 사람은 이런 질문에 단호하게 '아니오'라고 답한다. 가장 대표적인 이가 바로 '유나바머(Unabomber)'로 널리 알려진 시어도어 카진스키(Theodore John Kaczynski) 박사다. 그는 20여 년간 숲속 오지에 은둔하면서 1978년부터 1995년까지 16회에 걸쳐 과학 기술자를 대상으로 우편물 폭탄 테러를 감행했다.

1995년 카진스키 박사는 테러를 중단하는 조건으로 자신이 오늘날의 산업사회를 어떻게 보고 있는지를 설명하는 자신의 논문을 《뉴욕타임스》와 《워싱턴포스트》에 게재할 것을 요구하기도 했다. 「산업사회와 그 미래(Industrial Society and its Future)」라는 이 논문에서 그는 현대 과학 기술을 거부(파괴)하는 것이야말로 오늘날 문명의 위기를 극복할 유일한 길이라고 주장한다.

넓게 보면 백두대간의 경관을 있는 그대로 보존하자며 풍력 발전 단지를 거부하는 환경 단체는 좀 더 소극적일망정 카진스키 박사의 논리를 공유하고 있는 셈이다. 그러나 여기서 또 다른 문제가 발생한다. 이런 환경 단체의 주장에 가장 환호하는 이들이야말로 바로 오늘날 산업사회의 기득권을 쥐고 일체의 변화를 두려워하는 석유, 원자력 기업이기 때문이다.

기존 체제를 반대하는 가장 급진적인 입장이 오히려 기존 체제를 지키는 효과를 낳는 현실, 이것을 어떻게 보아야 할까? 풍력 발전의 환경 훼손 논란을 보면서 따져 봐야 할 대목이다.

읽을
거리

『**산업사회와 그 미래: 우리가 사는 세상은 정말 잘못되었다**』

시어도어 카진스키, 조병준 옮김, 박영률출판사, 2006년.

카진스키 박사가 《뉴욕타임스》, 《워싱턴포스트》에 게재를 요청
한 『산업사회와 그 미래』를 책으로 펴낸 것이다. 책을 읽다 보면 그
가 왜 과학 기술을 향해 폭탄을 던질 수밖에 없었는지 그 절박한 심
경에 일정 부분 공감할 수밖에 없다. 절벽 아래로 돌진하는 괴물을
막는 방법은 그 괴물을 죽이는 것이다. 그는 현대 과학 기술을 바로
그 괴물로 보았다.

「루카스항공에서의 협동 계획」

마이크 쿨리, 『우리에게 기술이란 무엇인가』, 송성수 엮고 옮김, 녹두, 1995년.

절벽 아래로 돌진하는 괴물에 대처하는 또 다른 방법이 있다. 바로 괴물의 등에서 뛰어내려 다른 탈 것으로 갈아타는 방법이다. 기존의 과학 기술을 파괴하는 대신에 방향을 바꿈으로써 전혀 다른 과학 기술 시대를 열 수 있다. 루카스항공(Lucas Aerospace) 노동자의 실험을 기록한 이 글은 그 적절한 예다.

이들은 지역 사회의 주민과 협력해 그때까지 그들이 만들었던 전투기 엔진이 아닌 150개의 혁신적 제품을 설계하고 그중 일부를 시제품으로 내놓았다. 여기에는 저렴한 의료 기구, 장애인 이동을 위한 보조 기구, 에너지가 적게 드는 엔진, 도로 · 철도 겸용 버스 등 인권, 환경, 지역 사회의 필요를 고려한 제품들이 다수 포함되어 있었다.

『프란츠 알트의 생태적 경제 기적』

프란츠 알트, 박진희 옮김, 양문, 2004년.

프란츠 알트(Franz Alt)는 독일의 가장 영향력 있는 원자력 에너지 비판자이자 에너지 전환 옹호자다. 이 책은 재생 가능 에너지로의 전환과 같은 '생태적 전환'이 위기에 처한 경제를 구할 수 있는 유일한 방안임을 주장한다. 손충렬 교수가 풍력 발전이 고용 창출, 지역 발전으로 이어질 수 있다고 말한 대목과 일맥상통한다.

Chapter 8

윤데의 기적

괴팅겐(Götingen)에서 윤데(Juehnde)로 가는 길은 쉽지 않았다. 명성과는 다르게 윤데는 네비게이터가 없으면 지나칠 정도로 외형적으로는 특색을 찾아보기 힘든 마을이다. 빨간색 지붕을 이고 있는 150여 채의 집들이 옹기종기 들어찬 전형적인 독일의 농촌 마을이었을 뿐이다. 독일 정부가 공인한 '미래를 준비하는 마을'로 불리기에는 말 그대로 '촌스러운' 외양이었다.

그러나 이 마을은 지금 전 세계의 주목을 받고 있다. 2006년 한 해 동안 세계 곳곳에서 이 마을을 방문한 이들만 5,000명 이상이었다. 2004년 11월 19일에는 독일의 농업부, 환경부 장관이 직접 방문해 정부가 이 마을을 얼마나 자랑스럽게 여기는지 보여 주기도 했다. 도대체 고작 750여 명의 인구가 사는 이 작은 마을이 뭐가 대단하기에, 이렇게 호들갑일까?

소비 전기보다 생산 전기가 많다

윤데의 외곽에는 동그란 돔 모양의 구조물 두 개가 나란히 서 있다. 이것은 가축의 똥오줌과 밀, 옥수수 건초를 함께 썩혀서 메탄가스를 만드는 발효기다. 발효기가 돔 모양으로 부풀어 오른 것은 안에서 계속 생산되는 메탄가스의 압력 때문이다. 돔의 천 재질로 된 겉면 바로 밑에는 메탄가스가 새 나가지 못하도록 공기로 된 층이 있다.

이렇게 생산된 메탄가스는 바로 옆에 있는 열병합 발전소에서 연료로 사용된다. 이 발전소에서 생산되는 전기는 연간 4,000메가와트시. 윤데에서 연간 사용하는 전기(약 2,000메가와트시)의 두 배에 가까운 양이다. 이 정도면 '에너지 자립'이 아닌 '에너지 플러스'라는 수식어를 앞에 붙여야 할 판이다.

윤데는 이렇게 생산한 전기를 마을에서 직접 사용하지 않고 전량 외부로 판매하고 있다. 윤데의 변화를 직접 주도한 게어드 파펜홀츠(Gerd Paffenholz) 씨는 "만약 열병합 발전소가 고장 날 경우를 대비해서 이 전력을 마을에 직접 공급하지 않고 있다."라며 "'바이오매스'로 생산한 전기는 비싸게 팔 수 있기 때문에 파는 게 이익이 된다."라고 설명했다.

난방은 물론 지역 농가 소득도 생겨

열병합 발전소에서는 전기만 나오는 게 아니다. 전기를 생산할 때 나오는 열을 이용해 데운 물은 윤데의 난방을 책임진다. 이 발전소에서 나오는 열은 연간 5,500메가와트시. 윤데에서 1년 동안 필요한 열(약 3,500메가와트시)을 충분히 감당할 수 있는 양이다. 이 따뜻한 물은 집집마다 연결된 6킬로미터의 단열 처리된 관을 따라 이동하며 윤데를 따뜻하게 한다.

윤데는 집집마다 열 교환기를 설치해 발전소에서 나오는 따뜻한 물로 난방을 하고, 물을 데워 사용한다. 파펜홀츠 씨는 "올 한 해 1,750유로(약 210만 원)를 난방비로 사용했다."라며 "만약 계속 석유로 보일러를 가동했더라면 1년간 2,500유로(약 300만 원)는 들었을 것"이라고 설명했다.

열병합 발전소가 주는 이득은 이뿐이 아니다. 이 발전소를 가동할 때 필요한 메탄가스를 만드는 데 들어가는 가축의 똥오줌은 하루에 30세제곱미터 정도다. 이 가축의 똥오줌은 한 주일에 한 번씩 윤데에서 농사를 짓는 아홉 가구가 공급한다. 이 똥오줌은 윤데에서 사육하는 400마리의 소에서 나온 것이다.

소의 똥오줌과 섞이는 밀(63퍼센트), 옥수수(30퍼센트) 등 건초 역시 윤데에서 생산한다. 이렇게 똥오줌과 건초를 공급하는 농가는 연간 22만 유로(2억 6000만 원)의 고정 소득을 얻는다. 발효기에서 메탄가스를 얻고 남은 부산물도 쓰레기가 아니다. 이 부산물은 바로 밭에서 쓸 수 있는 양질의 유기 비료가 된다.

파펜홀츠 씨는 "이 양질의 비료는 가축의 똥오줌과 건초를 공급한 농가에서 아무런 대가를 지불하지 않고 가져간다."라며 "윤데의 농가는 거대 농업 기업으로부터 비료를 살 필요가 없어 또 다른 과외의 이득을 보는 셈"이라고 설명했다. 광우병(BSE) 등으로 고사 직

독일 중부 괴팅겐 근처의 윤데. 인구 750여 명에 불과한 이 작은 마을은 독일 정부가 공인한 '생태 마을'이다.

전이던 윤데의 농가에 모처럼 좋은 일이 찾아온 것이다.

'윤데 스토리', 중심에 선 주민

이 정도만으로도 윤데는 충분히 주목받을 만하다. 그러나 윤데가 세계의 주목을 받는 진짜 이유는 다른 데 있었다. 바로 이 모든 일이 윤데 주민의 자발적인 노력에 의해 이뤄진 것이다. 한 편의 드라마 같은 '윤데 스토리'의 시작은 1998년으로 거슬러 올라간다. 처음 드라마를 기획한 곳은 괴팅겐 대학교였다.

유서 깊은 괴팅겐 대학교에서 경제학, 사회학, 지리학, 환경학 등

가축의 똥오줌과 건초를 이용해 전기, 난방을 해결하는 윤데의 열병합 발전소

을 연구하던 이들이 결성한 '지속 가능한 발전을 위한 학제간 연구 센터(IZNE)'는 1998년 새로운 프로젝트를 시작한다. 평소 자신들이 책상머리에서만 토론하던 지속 가능한 삶의 방식이 현실에서도 직접 구현될 수 있는지 보여 주고자 한 것이다.

이들은 독일 정부의 지원을 받기로 하고 수많은 마을에 에너지 문제의 해결책을 담은 자신의 구상을 보냈다. 관심을 보인 40여 곳 가운데 한 곳이 선택되었다. 바로 윤데였다. 이때만 해도 윤데 주민은 수동적이었다. 그러나 점차 분위기가 변하기 시작했다. 윤데 주민이 프로젝트의 중심에 서기 시작한 것이다. 파펜홀츠 씨는 당시의 분위기를 이렇게 회상했다.

괴팅겐 대학교에서 열린 설명회에 100여 명의 주민이 참석했다. 그 설명회에서 주민은 스위스의 빙하가 녹고 있는 사진, 석유 때문에 발생한 미국의 이라크 침공, 이 상태라면 200년 후에는 함부르크가 사라질 것이라는 경고를 접했다. 대부분 40~50대였던 우리는 다음 세대를 위해 우리가 무엇을 할 수 있을지 깊이 고민하지 않을 수 없었다.

800년 역사의 윤데, '기적'을 이루다

윤데 주민은 우선 프로젝트를 추진하기 위해 2001년 협동조합부터 결성했다. 초대 조합장은 당시 예순두 살이었던 파펜홀츠 씨가 맡았다. 일단 조합이 결성된 후에는 일이 일사천리로 진행되었다. 일단 조합원이 각각 1,500유로(3구좌)씩 출자해 종자돈 100만 유로(약 12억 원)를 마련했다. 그러나 시설을 마련하는 데 드는 약 530만 유로(64억 원)를 만들기에는 역부족이었다.

처음 전폭적인 지원을 약속했던 중앙 정부가 태도를 바꾸면서 상황은 더욱 절망적이었다. 윤데 주민은 포기하는 대신 연방 정부, 지방 정부를 계속 압박했다. 이 과정에서 언론의 주목을 받으면서 이 프로젝트에 관심이 있는 외지인의 참여도 이끌어 내 50만 유로가 추가로 마련되었다.

이렇게 3년이 지나자 꿈쩍 않던 중앙 정부, 지방 정부의 태도가 바뀌었다. 결국 2004년 중앙 정부(130만 유로), 지방 정부(20만 유로)가 150만 유로를 지원하기로 약속하면서 윤데 주민의 노력은 결실을 보기 시작했다. 이렇게 모아진 돈에 장기 저리 혜택을 받은 은행 융자 280만 유로를 더해 2005년 9월 지금의 시설이 완성되었다. 지난

2005~2006년 겨울을 성공적으로 넘긴 뒤 윤데 주민들은 더욱 자신감이 붙었다.

파펜홀츠 씨는 "발전소를 본격적으로 운영하는 첫 해이다 보니 70~80퍼센트밖에 가동을 못해서 2006년에는 적자를 봤다."라며 "2007년부터는 100퍼센트 가동이 가능하기 때문에 연간 100만 유로(약 12억 원) 매출에 20만 유로(약 2억 4000만 원)의 흑자가 예상된다."라고 설명했다. 그는 "발전소에서 지출하는 돈의 대부분은 지역 경제에서 순환되기 때문에 초국적 석유 기업에게 돈이 흘러가는 과거와는 비교할 수 없다."라고 강조했다.

파펜홀츠 씨는 "윤데는 지난 6년간 800년 역사에서 가장 값진 경험을 했다."라며 "특히 남아메리카, 아시아 등의 농촌에서 윤데의 경험을 토대로 또 다른 예를 만들어 갔으면 좋겠다."라고 지적했다. 그는 "지난 6년간은 내 삶에서도 가장 역동적인 시간이었다."라며 "나이 예순이 넘어서 이런 '기적'을 만드는 데 동참할 줄은 꿈에도 생각 못했다."라고 덧붙였다.

시민 참여로 마을을 바꾼 프라이부르크 보봉

생태 마을로 유명한 독일 프라이부르크의 보봉(Vauban) 역시 현재의 명성 뒤에는 주민의 참여가 있었다. 이곳은 원래 제2차 세계 대전 때 독일군의 주둔지였으나, 독일이 패한 뒤 1992년까지는 프랑스 군이 주둔했다. 마을 이름 '보봉'은 프랑스 군이 주둔할 때 이곳을 설계한 건축가의 이름에서 따온 것이다.

독일이 통일된 후 프랑스 군이 철수하자 이곳을 어떻게 개발할지를 놓고 갑론을박이 벌어졌다. 당시 프라이부르크는 싼 집을 얻으려는 서민에게 공급할 새로운 주거 단지를 찾고 있는 중이었고 보봉이 물망에 오른 것이다. 일단 보봉에 새로운 주거 단지를 마련하기로 결정되자 이곳에 보금자리를 마련하고자 한 학생, 저소득층이 나서서 '보봉 포럼'을 만들었다.

1994년부터 2004년까지 10년간 활동한 이 보봉 포럼에서 오늘날 생태 마을의 밑그림이 그려졌다. 이들은 일단 프랑스 군이 주택으로 사용하던 건물들을 개·보수해 난방 에너지를 적게 소비하는 서민 주택을 만들기로 했다. 벽, 창, 지하실에 단열 처리를 하는 것이 개·보수의 핵심이었다. 이런 노력으로 연간 200~300킬로와트시가 소비되던 난방 에너지는 50~100킬로와트시 수준으로 떨어졌다.

보봉 외곽에 있는 주차장에 자동차를 놓고 보봉 안에서는 가능

게어드 파펜홀츠 씨

보봉 마을 입구의 태양광 발전기가 설치된 건물(위). 보봉은 건축가, 주민 등의 논의를 통해 주택, 정원 등을 마련한다(아래).

한 한 자동차가 다니지 못하도록 한 원칙도 이 보봉 포럼에서 만들었다. 보봉 포럼을 주도했던 안드레아스 델레스케(Andreas Delleske) 씨는 "손님이 방문하거나 무거운 물건을 옮길 때처럼 일상적인 불편이 많아 자동차 진입을 최소화하는 것으로 원칙을 정했다."라고 설명했다.

현재 보봉에 거주하는 주민의 80퍼센트는 자동차를 소유하지 않는다. 델레스케 씨는 "바로 집 앞까지 시내와 연결되는 지상 전철 '트램'이 운행되기 때문에 불편함이 전혀 없다."라며 "가까운 거리는 물론 자전거로 이동한다."라고 설명했다. 프라이부르크는 도시 전역에 400킬로미터의 자전거 도로가 있다.

보봉 포럼은 또 공동 주택 단지를 짓기 전에 건축가와 거주할 이들이 머리를 맞대고 어떤 주택을 지을지 구상하는 전통도 만들었다. 보봉 곳곳에 다양한 외양을 가진 태양열 집열판, 태양광 발전기를 단 생태 주택을 볼 수 있는 것도 이런 사정 탓이다. 델레스케 씨는 기존의 주택을 개·보수해 연간 난방 에너지가 100킬로와트시 미만으로 사용하도록 한 주택에서 산다.

델레스케 씨는 "보봉이 지난 10년간 이뤄 놓은 것은 큰 자본이나 대단한 기술이 필요한 것이 아니었다."라며 "활용할 수 있는 자원을 이용해 에너지 전환을 어떻게 할 것인지 머리를 맞대고 고민하고 또 실천하는 것이야말로 가장 큰 변화의 원동력이라고 생각한다."라고 지적했다.

우파 정부가 앗아간 '태양 도시'의 꿈

네덜란드는 사람보다 자전거가 더 많은 나라다. 인구는 약 1600만 명인 반면 자전거는 약 1800만 대다. 자전거의 수송 분담률도 27퍼센트로 세계 최고다. 수도 암스테르담(Amsterdam)은 33퍼센트나 된다. 이런 사정 탓에 아침, 저녁마다 붉은색 전용 도로를 따라 자전거 수십 대가 줄지어 거리를 종횡으로 질주하는 진풍경이 연출된다.

네덜란드가 '자전거의 나라'라는 사실을 단적으로 보여 주는 얘기 하나. 2004년 네덜란드에서 이슬람에 비판적인 한 영화 감독이 독일계 모로코 인에게 암살당하는 사건이 있었다. 당시 그 영화 감독은 자전거를 타고 있었고, 그를 암살하려던 이 역시 자전거를 타고 가면서 권총을 쏘았다고 한다. 네덜란드에서나 가능한 일이다.

이렇게 네덜란드에서 자전거가 널리 보급된 이유를 특유의 평탄한 지형에서 찾기도 한다. 그러나 그것만은 아니다. 네덜란드에서 자전거가 널리 보급된 것은 1970년대 양차에 걸친 석유 파동을 호되게 겪은 뒤부터다. 도심 교통난 해결에 골몰하던 네덜란드 정부가 에너지 위기를 겪으면서 내놓은 대안이 바로 자전거 중심의 교통 정책이었던 것이다.

인구 수보다 자전거 수가 많다는 네덜란드에서는 출퇴근 시간이면 북은색 자전거 전용도로를 따라 자전거 수십 대가 연이어 거리를 종횡으로 질주하는 진풍경이 연출된다.

히어휴호바르트의 어긋난 꿈

네덜란드에서 자전거 정책이 정부의 강력한 의지로 성공했다면 에너지 정책은 뒷걸음질치고 있어 묘한 대조를 이룬다. 치즈로 유명한 알크마르(Alkmaar)에서 5킬로미터 떨어진 히어휴호바르트(Heerhugowaard)는 네덜란드 에너지 정책의 현주소를 상징적으로 보여 준다. 20여 년에 걸친 주민의 바람이 정부의 방치로 흐지부지될 상황에 처했기 때문이다.

히어휴호바르트 생태 마을이 계획된 것은 1980년. 쾌적한 주거 지역을 원했던 알크마르 시민은 히어휴호바르트에 전 세계에 자랑할 만한 생태 마을이 조성될 것을 간절히 소망했다. 결국 지방 정부, 중앙 정부는 20여 년 만인 2002년부터 약 1만 명이 거주할 생태

네덜란드 정가에 우파 바람을 일으켰던 핌 포르타운 의원. 그의 암살로 집권을 한 우파 정부는 '작은 정부'를 지향하며 재생 에너지 지원 예산을 대폭 삭감했다.

마을을 개발하기에 이른다.

계획대로라면 히어휴호바르트에 지어질 거의 모든 주택의 지붕에는 태양광 발전기(3.5메가와트)가 설치될 예정이었다. 알크마르에 계획된 1.5메가와트 태양광 발전기까지 포함하면 이 지역은 세계적인 태양광 발전 주거 단지로 부상할 수 있었다. 그러나 2002년 공사를 시작한 뒤 4년이 지난 지금, 히어휴호바르트의 모습은 이런 계획과는 달랐다.

얼른 보기에도 태양광 발전기는 드문드문 보일 뿐이었다. 히어휴호바르트의 홍보를 담당하고 있는 피아 포겔 노르란더(Pia Vogel Noorlander) 씨는 "2002년 개발을 시작할 때 정부가 약속했던 재정 지원이 축소되면서 태양광 발전기를 지붕에 부착하는 데 애를 먹고 있다."라며 "유럽에서 손꼽히는 태양 도시로 만들겠다는 계획도 축소될 수밖에 없는 상황"이라고 안타까움을 토로했다.

우파 정부의 역습

히어휴호바르트의 태양광 발전기 건설이 축소된 데는 2002년 네덜란드 정치의 '대격변'이 한몫했다. 당시 네덜란드는 반 외국인 정서를 부채질하며 등장한 우파 정치인 핌 포르타운(Pim Fortuyn) 의원이 총선 9일 전 암살당한 여파로 우파 정당들이 약진하면서 우파 정부가 대두하는 일이 발생했다.

집권한 우파 정부가 가장 먼저 한 조치는 '작은 정부'를 지향하며 재정 지출을 급격히 축소하는 것이었다. 2003년 우파 정부는 제2차 세계 대전 이후 사상 최대 규모인 170억 유로(약 25조 원)의 재정 지출을 삭감해 큰 충격을 줬다. 바로 이때 태양, 풍력 에너지를 지원하는 재생 가능 에너지 확대 정책도 철퇴를 맞은 것이다.

당시 우파 정부는 네덜란드 경제가 침체에 빠진 중요한 원인을 높은 임금, 복지 · 환경 분야의 '퍼주기'식 재정 지출로 시장의 활력이 떨어진 데에서 찾았다. 우파 정부는 이런 원인 분석에 따라 사회 보장, 의료보험, 환경 분야의 예산을 대폭 삭감했다. 이런 조치는 특히 에너지 · 환경 분야에서는 태양광 발전기를 설치할 때 주는 보조금을 폐지하는 정책으로 나타났다.

노르란더 씨는 "히어휴호바르트 시, 알크마르 시에서 중앙 정부를 설득해 태양광 발전기를 설치하는 데 필요한 금액을 지원받았다."라며 "2003년 재정 지출이 삭감되자마자 중앙 정부의 지원이 끊겼고, 2004년부터는 시의 지원도 축소되었다."라고 설명했다. 그는 "정부 지원이 끊긴 상태에서 태양광 발전기를 달면 집값이 비싸져 분양이 힘들다."라고 덧붙였다.

노르란더 씨는 "이렇게 정부의 지원이 끊기면서 유럽 연합에 지원금을 돌려줘야 하는 상황도 발생할 수 있다."라며 한숨을 내쉬었다. 히어휴호바르트의 생태 마을은 태양광 발전기를 통해 온실 기체 감축에 기여하는 계획을 제출해 유럽 연합으로부터도 개발에 필요한 투자를 유치했다.

태양 마을 뉴란트의 성공

히어휴호바르트의 안타까운 모습은 아머스포르트(Amersfoort)의 생태 마을 뉴란트(Nieuwland)와 크게 대조된다. 아머스포르트는 우파 정부가 들어서기 전인 1990년대 후반 네덜란드 정부의 전폭적인 지원을 받아 태양광 발전 주거 단지 뉴란트를 조성했다(1.3메가와트). 이곳은 풍력 발전에 치중하던 네덜란드 정부의 태양광 발전에 대한 투자 의지를 보여 주는 상징이 되었다.

뉴란트는 계획 단계부터 태양광 발전기가 다양한 생태 건축과 조화를 이루도록 고려되어 전 세계에서 주목하는 태양광 발전 주거 단지로 탄생했다. 특히 태양광 지붕을 단 주택 한 채를 반으로 나눠 두 가구가 거주하는 '제로 에너지 하우스'는 연간 1만 5000킬로와트시의 전기를 생산해 사실상 연간 추가 에너지 수요가 '0'에 가깝다.

계획 단계부터 태양광 발전기가 생태 건축과 조화를 이루도록 고려된 뉴란트의 태양광 발전 주택들

히어휴호바르트에서는 정부의 지원이 끊기면서 태양광 발전기를 주택에 부착하려는 계획이 대폭 축소되었다.

지붕 없이 분양된 19채의 단독 주택도 뉴란트에서 시도된 다양한 실험 중 하나다. 이 주택은 지붕이 있어야 할 자리에 태양광 발전기를 올렸다. 이 태양광 발전기는 전력 회사(REMU)의 소유다. 이 주택은 태양 전지판을 공장에서 생산해 현장에서 직접 조립해 화제가 되기도 했다.

　뉴란트의 주택에서 또 눈여겨봐야 할 것은 태양광 발전기를 다양한 방식으로 부착해 건축 형태의 다양성을 꾀한 점이다. 태양 전지판을 차양 장치로 활용하거나 주택의 형태에 따라 다양한 각도로 부착한 것이다. 이 중에는 90도로 태양 전지판을 부착해 효율이 20퍼센트 가까이 떨어지는 것을 감수한 경우도 있다.

　히어휴호바르트와 뉴란트의 다른 모습은 재생 가능 에너지 보급이 확대되는 데 정부의 역할이 얼마나 중요한지를 잘 보여 준다. 노르란더 씨는 "히어휴호바르트도 정부 지원만 계속되었다면 뉴란트와 규모 면에서 비교할 수 없는 태양광 발전 주거 단지로 만들 수 있었다."라고 지적했다.

　노르란더 씨는 "재생 가능 에너지 정책과 같은 에너지 · 환경 정책은 좌우를 막론하고 일관되게 추진해야 할 일인데 2003년 재정 지출이 축소되면서 제일 먼저 삭감된 분야가 바로 에너지 · 환경 분야"라며 "히어휴호바르트는 재생 가능 에너지 보급 확대에 정부 정책이 어떤 역할을 하는지를 잘 보여 주는 사례"라고 덧붙였다.

우파 정부, 그때 그때 달라요

좌우 정권이 바뀐다고 해서 모두 네덜란드처럼 에너지 정책이 요동치지는 않는다. 2020년까지 석유의 난방 연료 사용을 '0'으로 만드는 내용을 담은 '2020 석유 제로 선언'을 한 스웨덴이 대표적인 예다. 스웨덴은 2006년 9월 총선에서 보수당, 자유당 등의 우파가 약진해 사회민주당을 꺾고 집권에 성공했다. 그러나 에너지 정책의 변화는 보이지 않는다.

자유당 당원으로서 기존 사민당 정부의 '2020 석유 제로 선언'을 이끄는 데 큰 역할을 한 ASPO의 쉘 알레크렛 의장은 "좌우가 바뀌더라도 스웨덴의 에너지 정책에는 변화가 거의 없다."라며 에너지 정책의 변화 가능성을 단호하게 부정했다.

알레크렛 의장은 "우파 정부 역시 '석유 생산 정점'의 도래, 지구 온난화에 따른 온실 기체 감축과 같은 문제의 시급성을 잘 알고 있기 때문에 석유 의존을 줄이려는 좌파 정부의 정책을 그대로 계승할 것"이라며 "더구나 수십 년간 중·장기적인 계획에 따라 추진해 온 에너지 정책을 단숨에 바꾸는 것은 불가능하다."라고 설명했다.

그러나 스웨덴 역시 우파 정부가 들어서면서 원자력 에너지 정책 등에 있어서는 일부 변화의 움직임이 있는 것도 사실이다. 스웨덴은 지난 1980년 국민투표를 통해 2010년까지 원자력 발전소를 전부 폐쇄하기로 결정했었다. 그러나 새로 들어선 우파 정부는 기존의 원자력 발전소를 개·보수해 사용 연한을 늘리는 방침을 추진 중이다.

언론의 헛발질: 가스하이드레이트, 과연 '미래 에너지'인가?

에너지 전환을 위해서는 언론의 역할도 매우 중요하다. 그러나 국내 언론의 에너지 전환과 관련된 보도는 여전히 화석 연료의 지평을 넘어서는 전망을 담지 못할 뿐 아니라 '사실(fact)' 전달에 있어서도 함량 미달이다. 2007년 6월 25일 대다수 언론이 동해에서 가스하이드레이트(Gas Hydrate)를 발견한 사실을 크게 보도한 것은 그 전형적인 예다.

이날 언론은 동해에서 유전이라도 발견된 것처럼 가스하이드레이트 발견 사실을 크게 보도했다. "동해서 차세대 에너지원 찾았다"(《조선일보》), "미래 에너지 '불타는 얼음' 동해서 실물 채취 성공"(《중앙일보》), "'불타는 얼음' 동해서 뽑아냈다"(《한겨레》) 등 찬사 일색의 제목은 독자의 시선을 사로잡기에 충분했다.

보도의 핵심은 이렇다. 국내의 천연가스 소비량 30년분에 달하는 약 6억 톤에 달하는 가스하이드레이트가 동해에 매장되어 있고, 이 개발만 성공하면 에너지 자립화를 이룰 수 있다는 것이다. 흥분한 일부 언론은 사설까지 쓰면서 이 가스하이드레이트 발견에 큰 의미를 부여했다. 그러나 과연 언론 보도는 믿을 만한 것일까?

산업자원부는 2007년 6월 24일 동해에서 가스하이드레이트를 발견한 사실을 공개하며, 연소 시연회를 했다. ©산업자원부

개발비용 상상 초월, 상업 개발 가능할지 미지수

가스하이드레이트는 압력이 높고 온도가 낮은 극지방이나 심해 밑 바닥에서 천연가스의 주성분인 메탄이 물과 결합해 고체 형태를 이루고 있는 것이다. 가스하이드레이트 1리터에는 약 164리터의 메탄이 함유되어 있다. 만약 가스하이드레이트에서 메탄만 분리해 낸다면 갈수록 늘고 있는 천연가스 수요를 만족시킬 새로운 자원으로 각광받을 것이다.

2007년 6월 24일 기자 회견에 나선 이재훈 산업자원부 제2차관도 이 사실을 알리며 가스하이드레이트에서 메탄을 분리해 내는 데

올해만 총 434억 원의 예산을 지원할 계획이라고 말했다. 이 차관은 "막대한 양의 가스하이드레이트를 대륙붕에서 개발·생산해 온 국민의 염원인 에너지 자립화를 이뤄 선진대국에 진입할 초석을 놓을 수 있도록 최선을 다하겠다."라고 밝혔다.

그러나 이런 바람이 이뤄질 가능성은 적다. 우선 가스하이드레이트를 캐내는 게 쉬운 일이 아니다. 가스하이드레이트는 심해 바닥에 얇은 층으로 넓게 존재하기 때문에 그것을 채굴하기 위해서는 넓은 지역을 파 엎어야 한다. 이런 사정을 염두에 두면 가스하이드레이트를 캐내는 데 기존의 석유, 가스 채굴과는 비교가 안 될 정도로 많은 에너지를 투여할 수밖에 없다. 채굴 비용이 많이 든다는 얘기다.

일단 캐낸 가스하이드레이트에서 메탄을 분리해 내는 것도 쉽지 않다. 현재 전 세계적으로 가스하이드레이트에서 메탄을 대량으로 분리해 내는 상업 생산 기술은 개발되지 않았다. 미국, 일본이 2015년까지 상업 생산 기술을 개발하고자 시도하고 있을 뿐이다. 이런 사정 탓에 산업자원부도 "상업 생산까지는 앞으로 상당 기간이 소요될 것"이라고 토를 달았다.

메탄 대기 중으로 방출되면? 지탱하던 대륙붕 붕괴하면?

가스하이드레이트 개발의 문제점은 이뿐이 아니다. 가스하이드레이트를 개발하는 과정에서 심해에 갇혀 있던 메탄이 방출될 경우 큰 문제가 발생할 가능성이 크다. 우선 해양 생태계에 심각한 타격을 줄 수 있다.

더 큰 문제는 메탄이 대기 중으로 방출될 때다. 메탄은 이산화탄소보다 20배나 강한 온실 기체다. 메탄이 대기 중으로 방출될 경우 현재와는 비교할 수 없을 정도로 빠른 속도로 기후 변화를 초래할 가능성이 크다.

실제로 일부 지질학자는 지구 역사상 가장 많은 생물이 멸종된 고생대 페름기(Permian Period) 대멸종을 바다 속의 메탄이 대기 중으로 방출된 탓이라고 보기도 한다. 운석 충돌과 같은 다양한 이유로 바다 속의 가스하이드레이트 층에서 메탄이 대량으로 방출되면서 급격한 기후 변화를 초래했고, 그것이 생물 95퍼센트의 멸종으로 이어졌다는 것이다.

가스하이드레이트 개발의 또 다른 문제점도 있다. 가스하이드레이트는 바다 밑바닥을 다지고, 대륙붕을 지탱하는 기능을 하는 것으로 알려져 있다. 가스하이드레이트를 제거하면 대륙붕이 붕괴하거나, 바다 속 지각을 불안정하게 해 대규모 해일을 일으킬 것이라는 학계의 경고가 나오는 것도 이 때문이다.

일부 지질학자는 약 8,000년 전에 아이슬란드와 그린란드 사이의 대륙붕이 대서양 아래로 가라앉은 것도 가스하이드레이트 층이 붕괴된 탓으로 보고 있다. 수온이 상승하면서 대륙붕을 지탱하던 가스하이드레이트가 메탄으로 분리되자 심각한 해양 지각 변동이 발생했다는 것이다.

이런 여러 가지 문제 탓에 가스하이드레이트를 연구하는 학자들은 조심스럽다. 이흔 한국과학기술원(KAIST) 교수는 "세계에서 다섯 번째로 가스하이드레이트 채취에 성공한 것은 자랑할 만한 일이지만 상업 개발까지는 넘어야할 장애물이 한두 가지가 아니다"라며 "앞으로 탐사 · 생산에 쏟는 노력만큼 가스하이드레이트 개발 과정의 문제점을 검토하는 노력이 필요하다."라고 지적했다.

온실 기체 감축 '발 등에 떨어진 불', 가스하이드레이트가 대안일까?

가스하이드레이트에서 설사 성공적으로 메탄을 추출했다고 하더라도 그것이 지금 주력해서 개발해야 할 '미래 에너지'인지 논의가 필요하다. 석유보다 그 배출량이 30퍼센트 정도 적긴 하지만 메탄 역시 태울 때 이산화탄소를 배출한다. 온실 기체 저감이 발등에 떨어진 불인 상황을 염두에 둔다면 가스하이드레이트 개발이 과연 대안인지 따져 봐야 할 대목이다.

이렇게 얼른 살펴봐도 가스하이드레이트 개발의 문제점은 한두 가지가 아니다. 그러나 연간 수백억 원의 세금을 이 개발에 쏟아 붓는 산업자원부는 물론이고 대다수 언론도 이런 문제점을 짚는 데는 인색했다. 어려운 여건 속에서도 풍력, 태양 에너지 등 재생 가능 에너지 개발에 앞장서는 중소기업에 무관심했던 지금까지의 언론의 태도와는 대조적이다.

에너지 정책,
왜 시민은 입 꾹 닫아야 하나?

원자력 중심의 전력 정책을 지속할지를 깊이 토론한 합의 회의에서 원
자력 발전소 신규 건설을 중지할 것을 권고하는 보고서를 채택했다. 원
자력 발전소 반대 운동과 무관한 보통 시민들이 내린 이런 결론은, 최근
방사성 폐기물 정책을 둘러싼 갈등을 해결하기 위해 사회적 협의 기구
구성이 논의되고 있는 등 원자력 정책 전반의 변화와 맞물려 주목된다.
(……) 원자력 에너지와 직접 관계가 없는 20~60대 시민 16명이 참여
해 원자력 찬·반 전문가로부터 자료를 제공받고, 강의 청취와 질의응
답, 자체 토론 등을 거쳐 마련한 이 보고서에서, 시민들은 "가동 중인 기
존 원자력 발전소를 무조건 중지할 수는 없지만 중·장기적으로 원자
력 발전소의 신규 건설을 중지하고 대안을 마련해야 한다."라고 밝혔
다.
(……) 시민들은 원자력 발전소를 새로 짓지 않는 대안으로 태양·풍
력·조력 등 신·재생 에너지에 대한 과감한 투자와 재원 확보를 비롯
해 △전력 정책 수립을 투명하고 민주적으로 할 것 △전력 소비를 낮추
기 위한 철저한 수요 관리 △원자력 규제 기관의 독립성 확보 △지역 분
산형 전력 시스템 확보 등을 제시했다. ─《한겨레》, 2004년 10월 12일

2004년 10월 11일, 평범한 시민 16명이 놀랄 만한 선언을 했다. 정
부가 30년 이상 지속해 온 원자력 에너지 중심의 에너지 정책에
'No'를 선언한 것이다. 기사를 보면 알 수 있듯이, 이들은 정부에 이

렇게 건의했다. "더 이상 원자력 발전소를 새로 짓지 말고, 재생 가능 에너지를 확대하는 것과 같은 대안을 모색하라."

이런 건의를 한 시민 16명의 면면을 보면 더욱더 놀랍다. 나이, 직업, 지역이 제각각인 이들은 에너지 정책과 전혀 무관한 직업을 가지고 있는, 말 그대로 '보통' 시민이었다. 이 중에는 원자와 전자도 구분하지 못하는, 교과서에 나오는 과학 기술 지식에는 문외한인 사람도 상당수였다.

그러나 이들은 불과 4개월 만에 "보통 사람들이 에너지 정책에 왈가왈부하다니," 하면서 비웃던 전문가의 코를 납작하게 만들었다. 이들은 4개월간 국내의 에너지 정책을 둘러싼 다양한 견해를 접한 후 각자의 경험에 기반을 둔 기준에 근거해 원자력 에너지 중심의 정책이 갖는 문제점을 정확히 지적했다. 누구나 기회만 주어진다면 에너지 정책과 같은 전문 영역에서도 전문가 뺨치는 식견에 바탕을 둔 균형 있는 의견을 낼 수 있음을 보여 준 것이다.

이처럼 시민이 참여할 수 없었던 전문 영역에서도 시민이 목소리를 낼 수 있도록 보장하는 제도가 국내외에서 다양한 모습으로 등장하고 있다. 이날 시민 16명이 주인공으로 등장한 '합의 회의'도 그중 하나다. 합의 회의는 시민들이 정치·사회적으로 논란을 불러일으키는 과학 기술 주제를 전문가에게 질의하고, 그 대답을 청취하는 과정을 통해 생각을 정리해 해당 주제에 대한 자신의 견해를 발표하는 제도다.

1987년 덴마크에서 처음 시작된 이래 네덜란드, 노르웨이, 미국, 스위스, 오스트리아, 일본, 프랑스, 캐나다 등 전 세계에서 개최되고 있다. 한국에서는 1998년에 '유전자 조작 식품(GM Food)', 1999년에 '생명 복제 기술' 등의 합의 회의가 열린 데 이어, 2004년에는 '전력 정책의 미래'를 놓고 합의 회의가 열렸다. 지난 2007년 9월에는 '동물 장기 이식'을 놓고 합의 회의가 열리기도 했다.

합의 회의는 과학 기술 정책 결정 과정에 시민의 참여를 보장하고자 세계 곳곳에 도입된 많은 제도 중 하나일 뿐이다. 세계 각국은 합의 회의 외에도 '시민 배심원' '기술 영향 평가'와 같은 다양한 제도를 마련해 시민이 에너지 정책과 같은 전문 영역에 참여할 수 있는 길을 열어 놓고 있다. 한국 역시 정부, 민간 차원에서 이런 흐름에 동참하고자 노력하고 있다.

이런 제도를 통해 그간 전문가들이 독점했던 에너지 정책 결정 과정에 시민이 참여해 목소리를 내면 여러 가지 긍정적인 효과를 낳는다. 1990년대 중반부터 국내에서도 활발하게 논의되기 시작한 이른바 '과학 기술 민주화'가 어떤 이득을 가져다 주는지 따져 보자.

『태양도시』

정희진. 그물코, 2004년.

독일 프라이부르크, 덴마크 칼룬보르(Kalundborg), 스웨덴 에테보리(Göeborg), 스페인 바르셀로나(Barcelona), 일본 기타규슈(北九州) 등의 에너지 전환 움직임을 개괄했다. 앞서 소개한『에너지 전환의 현장을 찾아서』의 독일 사례와 함께 살펴본다면 정부, 시민 주도의 에너지 전환이 어떤 식으로 진행되었는지 정리하는 데 큰 도움이 된다.

『과학 기술 · 환경 · 시민 참여』

시민과학센터, 한울, 2002년.

에너지 정책과 같은 과학 기술 영역에서 시민의 목소리를 반영하려는 중요한 시민 참여 제도를 소개한 책이다. 앞에서 간략하게 소개한 합의 회의뿐 아니라 '시민 배심원' '시나리오 워크숍'과 같은 제도가 구체적인 예와 함께 소개되어 있다. 특히 1장은 과학 기술 민주화를 둘러싼 찬 · 반 논란이 잘 정리되어 있다.

『대중과 과학 기술』

김명진, 잉걸, 2001년.

과학 기술 민주화를 둘러싼 여러 가지 쟁점을 좀 더 깊이 이해할 수 있는 정보를 담고 있다. 과학 기술 영역에 민주주의 원리를 도입하자는 주장을 둘러싼 다양한 논의가 잘 정리되어 있어서 생각을 정리하는 데 도움이 된다. 특히『과학 기술에 얽힌 통념들, 혹은 과학 기술의 신화화를 넘어서』,『'과학 기술 민주화'의 개념 정립을 위한 시론』은 꼼꼼히 읽어 둘 만하다.

Chapter 9

태양과 바람의
한반도를 꿈꾸자

2007년 10월 3일, 남북 정상이 평양에서 7년 만에 다시 만났다. 이번 정상 회담에서는 한반도 평화 체제를 앞당기는 여러 가지 논의가 이뤄졌다. 갖가지 남북 경제 협력 사업이 구체적으로 거론된 것도 이번 정상 회담의 큰 성과였다. 그중에서 시민의 관심을 끈 것은 남북이 서해 유전을 공동으로 탐사하자는 이야기가 오갔다는 소식이었다.

특히 남한 정부는 2007년 5월 대형 유전이 발견된 중국의 보하이(발해)만 근처의 서한만 석유 탐사에 관심을 기울이고 있다. 서해안 신의주 · 남포 앞 서한만은 50억~60억 배럴의 석유가 매장된 것으로 알려진 보하이만 유전과 가까워서 석유 매장의 가능성이 큰 곳이다. 만약 이곳에서 남북이 공동으로 유전 개발에 성공한다면 한반도 경제에 큰 도움이 될 것이다.

그러나 유전 개발이 쉬운 일은 아니다. 서한만 야륙붕은 중국의 그것과 연계된 구조여서 중국이 탐사, 개발의 권리를 주장할 가능성이 크다. 더구나 북한은 이미 2005년 12월에 중국과 서한만 유전 개발 협정을 체결했다. 남한 정부는 이 협정이 서해 유전을 남북이 공동으로 개발하는 데 걸림돌이 되지 않을 것이라고 장담하고 있지만, 이는 두고 볼 일이다.

북한, 어쩌다 이 지경이 되었나?

북한의 에너지 사정은 앞으로 일사천리로 진행되더라도 10년은 걸리는 서해 유전 개발을 기다릴 수 있을 만큼 느긋하지 않다. 북한의 에너지 사정이 얼마나 절박한지 몇 가지 통계를 통해 비교해보자. 미국 노틸러스 연구소의 통계를 보면, 북한의 1차 에너지 소비량은 경상남도와 비슷하다. 북한의 발전량은 제주도 발전량에도 못 미친다.

1인당 전력 소비량은 더 심각하다. 남한의 6분의 1 수준이다. 현재 북한에서 필요한 전력량은 360억 킬로와트시로 약 150킬로와트시가 부족한 상황이다. 한때 한반도에서 쓰이는 전기의 96퍼센트를 북한에 몰려 있는 발전소에서 생산했던 것을 염두에 두면 이런 사정에 탄식이 저절로 나온다. 도대체 북한은 어쩌다 이 지경까지 이르렀을까?

애초 북한은 1차 에너지의 70퍼센트 이상을 석탄에 의존해 왔다. 외국에서 전량 수입하는 석유 의존을 줄이려는 이런 정책은 1980년대 말부터 큰 위기에 직면한다. 수십 년간 기존 탄광에서 석탄을 캐다 보니 1989년을 정점으로 석탄 생산량이 크게 줄기 시작한 것이다. 이렇게 석탄 생산이 줄면서 그 부족한 만큼 석유 수입이 늘 수밖에 없다.

그러나 석유 공급도 쉽지 않았다. 그간 북한은 소련으로부터 국제 시장 가격의 절반 가격으로 석유를 수입했다. 소련이 해체되자 더이상 이렇게 싼값에 석유를 수입하는 게 불가능해졌다. 소련이 해체되면서 쿠바가 위기에 직면한 것과 똑같은 일이 북한에서 반복된 것이다.

엎친 데 덮친 격으로 1995~1996년의 홍수는 북한의 에너지 사정에 결정타를 가했다. 홍수는 북한의 전력 생산의 60퍼센트를 차지하는 수력 발전소를 파괴했다. 이미 무리한 벌목으로 산림이 파괴되어 전력 생산에 필요한 물이 줄어들어 어려움을 겪던 수력 발전소는 회생이 어려울 정도로 타격을 입었다.

이뿐이 아니었다. 홍수 때문에 석탄을 생산하던 탄광이 침수되었다. 계속 감소한 석탄 생산이 더욱더 줄어들게 된 것이다. 석탄 생산은 1989년 4330만 톤에서 1998년 1860만 톤으로 줄었다. 불과 10년만에 절반 이하로 생산량이 떨어졌다. 2000년대 들어 북한의 석탄 생산은 조금씩 늘고 있으나 과거 생산 수준을 회복하기는 어려워 보인다.

더 큰 문제도 있다. 홍수는 북한의 송배전망을 송두리째 파괴했다. 송배전망이 파괴되면서 북한은 발전소에서 전기를 생산하더라도 그것을 공장, 가정에 공급할 수 없게 되었다. 발전소, 송배전망 시설을 1960~1970년대 소련의 지원으로 건설한 것도 문제였다. 소련이 몰락하자 수리용 부품 공급이 힘들어지면서 보수에 큰 어려움을 겪게 되었다.

　악순환의 시작이었다. 당장 전기가 끊어지자 북한 수송의 86퍼센트를 차지하던 철도가 마비되었다. 석유 의존을 줄이겠다며 철도의 79퍼센트를 전철로 만들어 놓은 게 원인이었다. 이렇게 철도가 멈추자 북한 에너지의 근간이 되는 석탄, 석유 공급이 불가능해졌다. 어렵게 석탄, 석유를 확보하더라도 필요한 곳으로 이동하는 게 힘들게 되었다.

대안 아닌 대안들

이런 북한 에너지 위기를 해결하고자 제시된 대안이 바로 원자력 발전소 건설, 200만 킬로와트 전력 직접 공급, 석유 100만 톤 지원 등이다. 그러나 이런 해법은 북한의 에너지 공급 구조를 들여다보면 적절하지 않다. 일단 원자력 발전소 건설은 언제든지 핵무기로 전용될 가능성 때문에 정치적으로 다시 거론되기 어려운 상황이다.

　원자력 발전소 대신 거론된 200만 킬로와트 전력 직접 공급 제안은 가능할까? 북한이 이 제안을 받을 가능성은 거의 없다. 이미 북한은 1948년 5월 14일 남한으로 직접 공급하던 전력을 끊은 적이 있다. 비록 양측의 입장이 정반대로 바뀌기는 했지만, 이런 전례를 염두에 둘 때 북한이 남한에 전력 공급을 의존하리라 믿는 것은 순진하기 짝이 없다.

　더구나 이런 전력 직접 공급은 비용도 많이 든다. 남한에서 생산된 전기를 북한에서 이용하려면 남북을 잇는 거대한 송전망이 필요하다. 이런 송전망을 건설하는 데는 긴 시간과 큰 비용이 들어간다. 더구나 북한은 각 지역의 송배전망이 제 구실을 못하는 상태다. 이런 송배전망을 복구하는 것까지 염두에 두면 시간, 비용은 더 늘어날 수밖에 없다.

이런 전력 직접 공급은 남한에 대형 화력 발전소를 짓는 것을 전제로 한다. 이미 지구 온난화를 이유로 온실 기체를 줄이는 데 세계 각국이 적극적으로 나선 상태다. 당장 2013년부터 한국도 온실 기체를 의무적으로 줄여야 할 처지에 놓이게 될지 모른다. 이미 존재하는 대형 화력 발전소도 골칫거리인 상황에서 새로운 부담을 자초하는 것은 현명하지 못하다.

그나마 쉬운 방법이 석유를 직접 공급하는 방법이다. 그러나 이 방법은 북한 에너지 위기를 해결하는 미봉책에 불과하다. 석유를 한두 번 공급하는 것으로 북한 에너지 위기를 구조적으로 해결할 수 없기 때문이다. 또 전 세계적 석유 공급 위기가 초래한다면 어떻게 할 것인가? 남한은 북한에 석유를 공급하기는커녕 제 발등의 불을 끄기도 바쁠 것이다.

러시아로부터 북한에 천연가스를 직접 공급하자는 안도 있다. 이 안은 현실화만 된다면 여러 가지 이점이 있다. 러시아에서 북한을 잇는 천연가스 관이 건설된다면 북한에 소형 열병합 발전소를 공급할 수 있다. 천연가스를 연료로 쓰는 열병합 발전소는 건설 기간이 짧고, 건설 비용이 적어서 북한의 에너지 위기를 극복할 적절한 수단으로 꼽혀 왔다.

열병합 발전소는 앞에서 설명했듯이 전기를 생산하면서 발생한

폐열을 온수, 난방에 이용할 수 있다. 북한은 겨울에 전기 생산이 줄어든다. 겨울에 비가 오지 않아서 저장된 물이 적어지면 수력 발전이 용이하지 않기 때문이다. 석탄, 석유, 전기가 부족한 북한 주민이 겨울을 나려면 산림을 훼손하는 수단밖에 없었다. 열병합 발전소는 이 문제를 해결할 수 있다.

또 러시아로부터 북한을 거쳐 남한까지 천연가스 관이 건설된다면 북한은 물론 남한의 경제에도 큰 이득이 된다. 남한은 러시아의 천연가스를 직접 공급받는 방법을 수년째 모색해 왔다. 북한을 경유하는 천연가스 관은 이런 고민을 단번에 해결해 줄 뿐 아니라, 앞으로 통일된 후 북한에 별도의 천연가스 관을 건설하는 데 드는 비용도 절약하는 효과를 낳는다.

그러나 이런 천연가스 관 건설이 당장 이뤄질 가능성은 거의 없다. 우선 천연가스 관 건설이 러시아와 남북한의 문제가 아니라 미국, 중국, 일본이 연계된 국제 정치 문제이기 때문이다. 실제로 이미 2006년 말 결론이 난 시베리아 송유관 노선을 놓고도 우리나라는 중국, 일본, 러시아와 격론을 벌였다. 천연가스 관 건설 역시 마찬가지다.

설사 천연가스 관을 건설하더라도 문제는 남는다. 자원 민족주의가 기승을 부리는 상황을 염두에 두면 러시아가 언제든지 천연가스를 무기로 쓸 수 있다. 러시아는 천연가스를 우크라이나와 같은 인근 국가를 통제하는 수단으로 활용하고 있다. 특히 우크라이나는 유럽으로 공급하는 천연가스의 80퍼센트가 경유하는 터라 유럽 연합도 조바심을 내는 상황이다.

바람과 태양이 북한을 살린다

2007년 8월 22일 민주노동당, 한국발전산업노동조합, 녹색연합, 환경운동연합, 환경정의 등은 공동으로 「남북 에너지 협력, 재생 가능 에너지를 통한 한반도 평화 시대로」라는 성명을 발표했다. 또 9월 6일에는 재생 가능 에너지 기업이 참여해 '대북 에너지 지원 국민 운동 본부'가 발족했다.

이들은 북한 에너지 위기를 해결하고자 풍력, 태양 에너지를 북한에 공급하자고 제안한다. 남한에서도 보급이 쉽지 않은 풍력, 태양 에너지를 북한에 지원하자는 이런 주장은 언뜻 듣기에는 비현실적으로 여겨진다. 그러나 꼼꼼히 따져 보면 북한 에너지 위기를 근본적으로 해결할 수 있는 대안이다.

우선 풍력 에너지만 놓고 생각해 보자. 7장에서 살펴봤듯이 남한에서 풍력 에너지 보급이 더딘 가장 큰 이유는 경제성이 있을 만큼 바람의 질이 좋은 곳을 찾기 어려운 탓이다. 그나마 바람의 질이 가장 좋은 곳에는 이미 풍력 발전 단지가 들어선 상태다. 상황이 이렇다 보니, 국내 기업은 750킬로와트 풍력 발전기를 개발하고도 설치할 데가 없어 발만 구르고 있다.

북한의 사정은 다르다. 북한은 곳곳에 풍력 발전을 하기에 가장 좋은 초속 15미터의 바람이 부는 곳이 많다. 남한에서 바람의 질이 가장 좋은 강원도 평창군 대관령의 평균 풍속이 초속 7미터라는 것을 염두에 두면 얼마나 풍력 발전을 하기에 좋은지 알 수 있을 것이다. 북한의 풍력 에너지가 원자력 발전소 4기에 해당하는 400만 킬로와트나 될 것이라는 분석도 있다.

더구나 풍력 에너지는 중국, 동남아시아에서 수요가 폭발적으로 증가할 가능성이 크다. 일단 남북한이 협력해 풍력 발전 산업을 성장시켜 놓으면 한반도가 동아시아 풍력 발전 산업의 중심이 될 수도 있다. 더구나 이 산업은 일자리 창출과 같은 긍정적 효과가 크다. 앞에서 언급한 대로 1메가와트 풍력 발전기를 생산·운영할 때 연간 24명의 일자리가 창출된다.

현재 남한의 재생 가능 에너지 산업은 선진국과 비교했을 때 풍력 87퍼센트, 태양 70퍼센트 수준이다. 산업 규모도 상당하다. 2006년 현재 산업자원부에 등록한 재생 가능 에너지 기업은 태양광 830개, 풍력 153개 등 총 1,491개나 되며, 이들 기업에 고용된 기술 인력만 4,212명에 이른다. 대기업도 재생 가능 에너지 산업 진출에 관심을 보이고 있다.

이런 사정을 염두에 두면 환경 단체, 노동조합의 주장이 뜬금없지 않다. 만약 남한이 북한에 풍력, 태양 에너지를 보급한다면 수요를 찾지 못해 성장에 어려움을 겪은 남한의 재생 가능 에너지 산업에 큰 도움이 될 뿐 아니라, 북한에 '퍼주기' 시비 없이 에너지를 공급하는 전기도 마련된다.

비용도 절약된다. 민주노동당의 분석을 보면, 200만 킬로와트 전력을 직접 지원할 때 약 10조 원이 든다. 100만 킬로와트 원자력 발전소 2기를 짓는다면 8조 6000억 원이 든다. 풍력, 태양 에너지와 가축의 똥오줌에서 생산한 메탄을 활용한 소형 열병합 발전소를 북한에 지원할 때 드는 비용은 약 8조 8500억 원 정도가 든다.

더구나 이미 정부는 국내 재생 가능 에너지 산업을 육성하고자 다양한 형식으로 지원을 하고 있다. 북한 에너지 위기를 해결하는 데 재생 가능 에너지를 활용하면 양쪽에 들어가는 비용을 연계해 훨씬 더 적은 비용으로 더 큰 효과를 낳을 수 있다. 북한에 재생 가능 에너지를 지원하는 것은 경쟁력 있는 국내 재생 가능 에너지 기업을 선별하는 데도 기여한다.

하지만 정부, 기업은 여전히 이런 구상에 큰 관심을 두지 않고 있다. 오히려 유럽, 미국에서 북한의 재생 가능 에너지 도입의 가능성을 보고 적극적인 움직임을 보이는 상황이다. 조금만 상상력을 발휘하면 '태양과 바람의 한반도'를 만들 수 있다. 지금 남북이 머리를 맞대고 논의해야 할 것은 서해 유전 공동 개발이 아니라 바로 이것이다.

깊이
읽기

기름 값 올라서 속상한 당신이
알아야 할 진실

경유와 휘발유 값의 오름세가 가파르다. 자동차에 주유할 때마다
하루가 멀다 하고 오르는 기름 값을 보면 분통이 터질 때가 한두 번
이 아니다. 기름 값에는 부자, 빈자도 따로 없다. 한 번 주유할 때마
다 홀쭉해지는 지갑을 보면서 전 국민이 함께 분노한다. 국제 유가

● 무연 휘발유 가격 · 소비

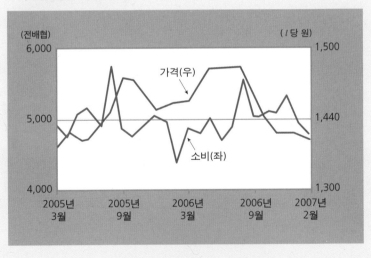

2005년 3월부터 2007년 2월까지의 무연 휘발유 가격과 소비 ©한국석유공사

아톰의 시대에서 코난의 시대로

의 오름세를 염두에 두면 앞으로도 이런 분노는 더 커질 가능성이 크다.

이런 호재를 놓칠 언론이 아니다. 연일 언론은 "기름 값 인하"를 한 목소리로 외친다. 특히 언론은 "세금 인하"에 초점을 맞춘다. 국제 유가가 오르면서 기름 값이 더 오를 게 예상되는 상황에서 세금을 인하해 '서민'의 부담을 덜어줘야 한다는 것. 그러나 정부가 세금을 쉽게 내리지는 않을 것 같다.

한쪽에서는 세금을 내려서라도 기름 값 부담을 덜자고 하고, 다른 한쪽에서는 세금은 내리지 못하겠다고 하니 보는 이들은 헷갈

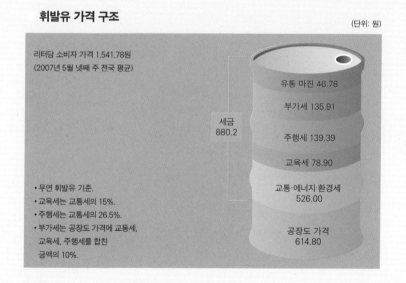

휘발유 가격 구조

(단위: 원)

리터당 소비자 가격 1,541.78원
(2007년 5월 넷째 주 전국 평균)

세금
880.2

유통 마진 46.78

부가세 135.91

주행세 139.39

교육세 78.90

교통·에너지·환경세
526.00

공장도 가격
614.80

• 무연 휘발유 기준.
• 교육세는 교통세의 15%.
• 주행세는 교통세의 26.5%.
• 부가세는 공장도 가격에 교통세,
  교육세, 주행세를 합친
  금액의 10%.

부유한 사람이나 가난한 사람이나 똑같이 내는 휘발유의 가격 구조 ©한국석유협회

린다. 이럴 때일수록 하나하나 따져 보는 게 필요하다. 도대체 기름 값 정책의 정석은 무엇일까? 여기 또 오른 기름 값에 속상한 당신이 알아야 할 진실이 있다.

'세금 폭탄' 달고 있는 휘발유?

우선 기름 값이 어떻게 결정되는지 살펴보자. 지금 논란이 되는 휘발유, 경유 값은 크게 세 요소가 맞물려 결정된다. 우선 원유를 수입해 정제하는 데 드는 비용을 들 수 있다. 물론 이 비용에는 정유기업의 마진이 포함된다. 현재 국내는 5개 기업이 이 과정을 독점하고 있다. 만약 정제된 휘발유, 경유를 수입한다면 그 수입 비용이 이 단계의 비용에 해당한다(1단계).

비용은 이뿐이 아니다. 휘발유, 경유가 자동차에 주유될 때까지 유통 과정에서도 비용이 든다. 이 과정을 주도하는 주유소의 마진은 이 단계의 비용에 포함된다. 이론상으로는 공장도 가격과 소비자 가격 사이의 차이가 주요소 마진이 된다. 현재 국내의 휘발유, 경유 가격은 주유소에서 최종 결정한다(2단계).

그러나 소비자는 주유를 할 때 앞의 두 단계의 비용보다 훨씬 높은 값을 치른다. 바로 각종 세금, 부과금이 기름 값에 포함된 탓이다. 관세, 교통·에너지·환경세, 교육세, 지방주행세, 부가가치세, 수입과 판매 부과금 등 일일이 열거하기조차 힘들다. 이렇게 부과되는 세금과 부과금이 차지하는 비중이 휘발유(약 60퍼센트), 경유(약 50퍼센트) 모두 절반에 가깝거나 초과한다(3단계).

예를 들어 휘발유 1리터의 가격을 1,541.78원이라고 하자(2007년 9월 현재 1리터당 1,545.65원). 1단계의 비용을 가리키는 공장도 가격은 614.80원(39.87퍼센트)이다. 2단계의 주유소로 돌아가는 몫은 46.78원(3.03퍼센트)이다. 나머지 880.20원(60.10퍼센트)이 모두 부가가치세, 지방주행세, 교육세, 교통·에너지·환경세 등 3단계의 비용에 해당하는 세금이다.

경유 사정도 크게 다르지 않다. 경유 1리터의 가격을 1,170.95원이라고 하자(2007년 9월 현재 1리터당 1,308.27원). 여기서 3단계의 비용에 해당하는 세금이 차지하는 몫은 지방주행세 93.02원, 교육세 52.65원, 교통·에너지·환경세 404원 등을 포함해 총 622.95원으로 관세를 제외하더라도 전체 가격의 53.2퍼센트에 해당한다.

더구나 휘발유, 경유에 붙는 세금은 불특정 다수를 대상으로 하는 간접세다. 똑같은 양의 휘발유, 경유를 소비한다면 재벌이나 서민이나 똑같은 값의 세금을 내야 한다. 재벌보다 소득이 훨씬 적은 서민이 재벌과 '똑같은' 세금을 내는 것은 실질적으로는 부유한 사람보다 가난한 사람에게 더 많은 세금 부담을 지우는 역진적 성격을 안고 있다.

이렇게 정부가 2006년 거둔 세금은 23조 5000억 원으로 추정된다. 2006년 전체 세금이 138조 원 걷혔으니 전체 세수의 16.9퍼센트에 이른다. 정부가 큰 조세 저항 없이 막대한 세금을 거두고자 서민을 상대로 휘발유, 경유에 '세금 폭탄'을 달아 놓았다는 비판에 대중이 공감하는 것도 이런 사정 탓이다.

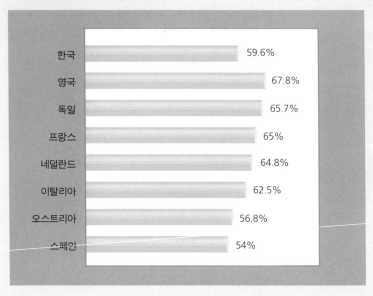

휘발유 가격 중 세금 비중 비교

한국	59.6%
영국	67.8%
독일	65.7%
프랑스	65%
네덜란드	64.8%
이탈리아	62.5%
오스트리아	56.8%
스페인	54%

국제 에너지 기구 회원국 가운데 일부 국가의 휘발유 가격 가운데 세금 비중으로 2006년 1분기 판매 가격 기준이다.

세금 인하? 외부 비용도 생각해야지!

그럼, 당장 휘발유, 경유에 붙은 세금을 대폭 인하해야 할까? 문제가 그렇게 간단치 않다. 휘발유, 경유에 붙은 세금을 10퍼센트만 깎아도 약 2조 원이나 되는 세금을 어디선가 더 거둬야 한다. 앞에서 휘발유, 경유에 붙은 세금은 역진적 성격을 띠고 있어서 문제라고 지적했다. 논리대로라면 그 세금을 깎은 것만큼 부유한 사람에게서 더 많은 세금을 거둬야 한다.

그러나 부유한 사람에게 세금을 더 거두기는 결코 쉽지 않다. 조세 저항이 만만치 않을 것이다. 당장 휘발유, 경유에 붙은 세금을 서민을 위해서 깎으라고 목소리를 높였던 보수 언론이 나서서 정부가 또 다른 세금 폭탄을 마련했다며 저항에 앞장설 것이다. 결국 정부는 또 다른 간접세의 형태로 서민에게 세금 부담을 지울 수밖에 없다. 조삼모사(朝三暮四)다.

휘발유, 경유에 붙는 세금이 다른 국가와 비교했을 때 딱히 높은 수준도 아니다. 경제 협력 개발 기구 29개 회원국 중 휘발유에 붙는 세금 비중은 열네 번째, 딱 중간 수준이다. 경유에 붙는 세금 비중은 열아홉 번째다. 석유가 나지 않는 대다수 국가의 휘발유, 경유에 붙는 세금 비중은 60퍼센트 이상으로 우리나라와 비슷하다.

이렇게 대다수 나라가 휘발유, 경유에 높은 세금을 붙이는 까닭이 있다. 석유는 언제 고갈될지 모르는 한정된 자원이다. 더구나 우리나라를 비롯한 대다수 국가는 석유를 전적으로 수입에 의존한다. 석유에 무거운 세금을 물리는 것은 세금을 통해 소비를 조금이라도 억제하려는 목적이었다. 석유 공급 상황이 갈수록 좋지 않으니 세금의 필요성은 더 절실하다.

더구나 휘발유, 경유와 같은 세금은 소비 과정에서 환경 오염, 교통 혼잡과 같은 외부 비용이 발생한다. 예를 들어 보자. 서울에서는 하루 오염 물질 배출량 38만 5000톤의 76퍼센트가 자동차에서 나온다. 부산과 같은 다른 대도시도 75~80퍼센트 수준이다. 이런 대기오염으로 매년 수도권 조기 사망자가 1만 1000명에 이르고, 피해 비용이 연간 10조 원에 달한다.

이런 상황을 극복하고자 중앙, 지방 정부는 매년 막대한 비용을 지출한다. 예를 들어 보면, 서울시는 대기 오염에 대응하고자 매년 2,000억 원을 쓰고 있다. 서울시는 여기에 더해 2007년부터 4년간 미세먼지를 배출하는 경유를 연료로 쓰는 디젤 엔진 자동차에 여과 장치를 설치하는 데 6400억 원의 예산을 추가로 배정했다.

교통 혼잡 문제 역시 크게 다르지 않다. 경제 협력 개발 기구는 서울의 교통 혼잡이 초래한 비용이 2002년 5조 3100억 원이라고 보고했다. 1999년 4조 1800억 원에서 1조 원 이상 늘어난 액수다. 이런 상황을 염두에 두면 휘발유, 경유를 연료로 사용해 자동차를 움직이는 이들이 좀 더 많은 세금을 부담하는 것은 당연하다.

실제로 휘발유, 경유에 붙는 세금 중 약 10조 원 정도인 교통·에너지·환경세는 특별회계로 편성되어 건설교통부, 산업자원부, 환경부 등에서 도로 건설, 대안 에너지 개발, 대기 환경 개선 등에 쓰이고 있다. 그나마 대기 환경 개선, 대안 에너지 개발보다는 도로 건설과 같은 사회 간접 자본(SOC) 구축에 쓰이는 비중이 더 높다.

이런 사정 탓에 교통·에너지·환경세가 제대로 쓰이지 못하고 있다는 비판의 목소리도 높다. 한밭 대학교 조영탁 교수는 "교통·에너지·환경세는 오염을 유발하는 행위를 근거로 징수를 해서 도로와 같은 또 다른 오염 원인에 투자하는 데 주로 사용된다."라고 휘발유, 경유 등에 붙는 세금이 제대로 쓰이지 못함을 비판하기도 했다.

유럽 연합의 각국은 휘발유, 경유에 붙는 세금을 일반 회계로 편입해 생태·환경에 걸 맞는 산업 구조로 전환하기 위한 연구 개발 지원이나 관련 인력 육성의 재원으로 활용한다. 이런 지적을 염두에 두면 휘발유, 경유에 붙는 교통·에너지·환경세는 깎기는커녕 앞으로 더 높여야 할지도 모른다.

기름 값 해결의 정석

기름 값에 붙는 세금을 줄이자는 이들이 내세우는 또 다른 논리가 있다. 바로 기름이 더 이상 '특별 소비'가 아니라, 생산의 필수 요소이자 소비의 필수 요소라는 것이다. 즉 세금을 덧붙여 가격이 오른다고 해서 소비가 줄어들지 않는다는 말이다. 만약 휘발유, 경유가 쌀처럼 가격 비탄력적 상품이라면 기름 값이 오르면 바로 서민의 가계 부담으로 이어질 수밖에 없다.

이런 주장을 지지하는 연구 결과도 있다. 산업연구원의 분석을 보면, 휘발유는 기름 값이 오르거나 내리더라도 소비 급증이나 급감으로 이어지지 않고 있다. 실제로 2005~2006년의 휘발유 소비 동향을 살펴보면 소비가 가장 많았던 때는 2005년 8월이었고, 가장 적었던 때는 2006년 2월이었다. 가격은 오히려 2006년 8월에 높고 2월에 낮았다. 가격과 소비가 반대로 움직인 셈이다.

그러나 이런 주장도 한계가 있다. 2006년 1월 첫째 주(1,496.04원)와 6월 첫째 주(1,620.62원)의 휘발유 평균 가격을 비교해보면 1리터당 124.58원이 올랐다. '서민(?)'들이 타고 다니는 '중형(!)' 승용차의 연료통 용량이 약 70리터이니 6개월 새 한 번 주유할 때마다

8,720원을 더 내는 셈이다.

자, 솔직히 이야기해 보자. 중형 승용차로 출퇴근하는 사람이 6개월 새 기름을 주유할 때 1만 원도 안 되는 돈을 더 낸다고 기름 값 소비를 줄일까? 조금만 시각을 달리하면 산업연구원의 분석은 지금의 기름 값 오름세를 웬만한 중산층은 굳이 기름 값 소비를 줄이지 않더라도 감내할 수 있음을 가리키는 방증으로 볼 수 있다.

실제로 이런 현상은 유별나다. 유럽과 같은 지역에서는 유가가 상승하면 시민들이 휘발유, 경유 소비를 줄인다. 자동차 운행 시간을 줄이고, 새로 자동차를 구입할 때 연비를 따진다. 그러나 '기름 한 방울 나지 않는' 한국은 웬만한 유가 변동에 시민들은 눈 한 번 깜짝하지 않는다. 그러면서 기름 값에 붙는 세금이 높다고 야단들이다.

한 가지 더 염두에 둘 것도 있다. 휘발유만 놓고 보면 지난 수년 동안 기름 값에 붙는 세금 인상은 거의 없었다. 물가 상승을 염두에 두면 실질적인 세금 부담은 오히려 낮아졌다. 즉 2000년대 이후 국제 유가의 가파른 오름세와 그간 늘어난 승용차가 출퇴근 과정에서 유발한 대기오염, 교통 혼잡 등 외부 비용을 고려하면 세금은 오히려 관대했다.

이런 상황을 고려하면 여전히 기름은 생산의 필수 요소일망정 소비의 필수 요소는 아니다. 물론 기름 값이 오르는 데 부담을 느끼는 이들이 있다. 바로 생계를 유지하고자 자동차를 움직이는 이들이다. 특히 경유 값이 오르면서 트럭을 움직이는 이들이 큰 부담을 가질 만하다.

만약 진짜 서민 부담이 문제라면 바로 이렇게 생계를 유지하고자 어쩔 수 없이 자동차를 움직이는 이들이 기름 값 탓에 받는 부담을 덜어주면 된다. 방법은 여러 가지다. 가장 쉬운 방법은 트럭을 가진 이에게 한 달 일정량에 한해 기름 값에 붙는 세금을 환급해 주는 카드를 만드는 것이다. 이렇게 하면 외부 비용에 정당한 세금을 매기면서도 서민을 보호할 수 있다.

재원은 어떻게 마련할 수 있을까? 휘발유, 경유 값에 붙는 세금이 많다고 말하는 이들은 왜 중유와 같은 공장에서 쓰이는 석유에 붙는 세금은 가만히 보고 있는지 모르겠다. 한국에서 중유에 붙는 세금은 휘발유에 붙는 세금의 14분의 1 수준이다. 대기 오염과 같은 중유가 초래하는 외부 비용이 세금에 거의 반영되어 있지 않은 셈이다.

이렇게 산업 분야에 쓰이는 중유에 특혜를 주다 보니 싼값에 에너지를 이용할 수 있는 기업은 에너지 효율을 제고하려는 노력을 기울이지 않는다. 그 결과는 결국 한국 기업의 경쟁력 약화로 이어져 중·장기적으로 국가 경제에 부담을 준다. 물론 그 과정에서 서민이 더 많은 세금을 내 온 것은 군이 설명하지 않아도 된다.

산업 분야에서 쓰는 에너지에 주는 온갖 특혜를 우선 제거해야 한다. 중유에 붙는 세금을 외부 비용을 염두에 두고 현실화하고, 아예 세금 없이 화력 발전소에서 쓰이는 석탄(유연탄)에도 세금을 붙여야 한다. 전기 전체 판매량 중 53.3퍼센트를 차지하지만 판매 수입은 43퍼센트에 불과한 산업용 전기 가격도 현실화해야 한다.

이렇게 얻은 재원을 통해 기름 값, 에너지 값 때문에 생계를 유지하기 어려울 정도로 고통을 겪는 서민을 직접 보조하는 것이 제대로 된 방법이다. 기름 값을 탓하면서 오늘도 '나 홀로' 승용차로 출근하면서 온갖 외부 비용을 초래한 당신에게 깎아 줄 세금은 없다. 이게 바로 기름 값 해결의 정석이다.

에너지 정책,
왜 시민은 입 꾹 닫아야 하나?

5장을 염두에 두면서 상상을 한 번 해보자. 석유 값 탓에 고통을 겪는 이들은 바로 앞에서 지적했듯이 자동차를 생계로 쓰는 이들이다. 대개 이들의 자동차는 디젤 엔진 자동차다. 정부가 섣부르게 석유 값을 내리는 대신 생계 목적의 디젤 엔진 자동차를 가진 이들에게 국내에서 재배한 유채로 만든 바이오디젤을 싼값에 공급하면 어떨까?

우선 생계를 위해 디젤 엔진 자동차를 운행하는 이들은 싼값에 연료를 구입할 수 있으니 좋다. 디젤 엔진 자동차가 내뿜는 오염 물질이 크게 줄어서 전국의 대기 환경이 개선될 수 있다. 중앙, 지방 정부는 오염 물질을 줄이려는 목적으로 디젤 엔진 자동차에 부착하는 여과 장치 보급에 들이는 비용을 포함한 대기 환경 개선 비용을 크게 줄일 수 있다.

유채를 재배하는 농가 입장에서는 판로를 걱정할 필요 없이 안정적인 소득이 보장되니 더할 나위 없이 좋다. 만약 바이오디젤 생산 업체를 지역마다 유치한다면 지역 경제, 고용 창출에도 이바지할 수 있다. 제주도처럼 유채를 관광 자원으로 활용한다면 지역 관광을 활성화할 수도 있다.

유채 대신 지역에서 쓰고 남은 폐식용유를 수거해 바이오디젤을 생산한다고 해도 거의 마찬가지 효과를 얻을 수 있다. 우선 폐식용유를 처리하는 데 들어가는 음식물 쓰레기 처리 비용을 아낄 수 있다. 그렇게 생산한 바이오디젤을 싼값에 생계 목적으로 디젤 엔진 자동차를 운행하는 이들에게 지원할 수 있을 것이다.

유채로 바이오디젤을 생산하는 것과 똑같이 지역의 바이오디젤 생산 업체를 통해 지역 경제, 고용 창출에 이바지할 수 있다. 나라 경제 전체를 염두에 두면 연간 최소한 100만 톤 정도의 석유 수입을 줄일 수 있다. 이처럼 인권, 환경, 지역 사회를 염두에 두면 에너지 정책도 180도 바뀔 수 있다. 자, 당신의 생각은 어떤가?

「재생 가능 에너지 협력으로 한반도 평화 시대를 열자」

이강준,《녹색평론》, 2007년 9~10월호(제96호), 119~128쪽.

　　북한에 재생 가능 에너지를 지원하자는 주장은 이미 이필렬 교수
를 비롯한 많은 이들이 해 왔다. 민주노동당 정책위원회는 2007년 이
내용을 심화시키는 연구를 진행했고 그 결과로 2007년 6월『남북
에너지 협력 방안 연구: 재생 가능 에너지를 중심으로』라는 보고서
를 출간했다. 소개하는 글은 이 연구에 참여한 이강준 씨의 보고서
내용을 요약한 것이다.

『당신의 차와 이혼하라』

케이티 앨버드, 박웅희 옮김, 돌베개, 2004년.

왜 철도 대신 도로 중심의 교통 체계가 세상을 점령했을까? 이 책은 지금의 자동차 중심의 문명이 자연스러운 과정이 아니라 자 동차·타이어·석유 기업이 합작해 쟁취한 결과물임을 생생히 보 여 준다. 더 나아가 그렇게 만들어진 자동차 문명이 얼마나 치명적 인지 조목조목 지적한다. 기름 값이 오른다고 탓하는 자동차에 중 독된 우리를 되돌아보게 하는 책이다.

『서울을 여행하는 라이더를 위한 안내서』

홍은택, 한겨레출판, 2007년.

자동차를 아예 안 탈 수는 없다. 그러나 자동차 중독에서 벗어 날 길이 아주 없지는 않다. 자전거는 가장 매력적인 대안이다. 이 책 은 직접 경험을 통해 자동차 천국 서울을 가로질러 자전거로 출퇴 근하는 길이 가능하다는 것을 보여 준다. 자동차에 점점 중독되면 서 팽창해 온 서울의 변모 과정을 보는 것은 덤이다.

Chapter 10

연료를 바꾼다

국제 유가를 놓고 언론의 호들갑이 또 시작되었다. 유가가 100달러에 육박하면서 다시 고유가에 대비해야 한다는 기사를 쏟아내기 시작했다. 그러나 이런 태도는 금방 바뀐다. 앞으로 조금만 급락하더라도 2002년부터 이어져 온 고유가 시대가 끝난 게 아니냐는 기사를 쏟아낼 게 뻔하다.

2007년 초의 언론이 바로 그랬다. 2006년 8월 8일 사상 최고치 배럴당 72.16달러를 기록한 유가가 계속 급락해 50달러 선도 무너지자 고유가 시대가 끝날 것이라는 예측이 쏟아졌다. 그러나 이런 호들갑을 비웃기라도 하듯 유가는 다시 급반등했다. 미안하지만 장담하건대, 저유가 시대는 다시 오지 않는다.

본격적으로 유가가 오르기 전인 2002년, 유가는 배럴당 20~30달러 수준이었다. 5년 만에 유가는 배럴당 5배 가까이 올랐다. 계속 등

락을 거듭했지만 지속적으로 유가가 오르는 흐름은 지난 5년간 한 번도 변한 적이 없다. '사실'에 근거해 '진실'을 추구하는 언론이라면 이런 흐름 속에서 무엇을 볼지는 아주 명확하다.

나는 일본, 기는 한국

불과 5년 전의 유가도 기억하지 못하는 언론의 저유가 시대 타령은 에너지 문제에 관한 한 근시안적 태도로 일관하는 한국의 수준을 적나라하게 반영하는 대목이다. 이것은 한국과 여건이 비슷한 일본과 크게 대조된다. 일본 정부가 2006년 5월 발표한 '신국가 에너지 전략'을 같은 해 11월 한국 정부가 발표한 「에너지 비전 2030」과 비교해보자.

일본 정부는 이미 세계 최고 수준인 에너지 효율을 2030년까지 30퍼센트 추가 개선하기로 했다. 특히 일본은 산업 구조를 바꾸는 작업을 통해 에너지 효율을 제고하는 것을 넘어 자동차, 가전 등의 에너지 효율을 대폭 향상시키기로 했다. 일본은 더 나아가 이런 에너지 효율을 중국을 비롯한 에너지 효율 개선이 절실한 국가로 수출하는 것까지 계획 중이다.

한국 정부의 에너지 정책은 허점투성이다. 우선 대통령에게 보고하기 위해 서둘러 만든 티가 곳곳에 보인다. 2030년까지 정부의 재생 가능 에너지 비율을 9퍼센트로 올린다는 목표는 단적인 예다. 이미 정부는 2011년까지 재생 가능 에너지 비율을 5퍼센트로 올리겠다고 여러 차례 공언해 왔다. 근 20년 동안 고작 4퍼센트 올리겠다는 이야기다.

한국 정부는 국내총생산 1,000달러를 창출하는 데 필요한 석유의 양을 2030년까지 0.2톤 수준으로 떨어뜨린다고도 했다(2005년 0.358톤). 그러나 정부는 이미 2011년까지 0.294톤 수준으로 떨어뜨린다고 공언해 왔다. 또 2005년 현재 경제 협력 개발 기구 평균이 0.201톤 수준이라는 것을 염두에 두면 정부의 안이한 인식을 잘 알 수 있다.

기가 막힌 것은 이뿐이 아니다. 한국 정부는 이 모든 전망을 유가가 배럴당 57달러 수준으로 유지되는 상황을 염두에 두고 세웠다. 현실은 이런 한국 정부의 안이한 인식을 1년 만에 비웃고 있다. 굳이 석유 생산 정점 사태와 같은 치명적 상황을 고려하지 않더라도, 이미 유가는 배럴당 100달러를 넘어서기 직전이다.

첫째, 에너지를 절약하라

한국의 안이한 대응과 달리 이미 세계는 고유가 시대를 본격적인 에너지 위기 국면을 경고하는 징후로 받아들이고 있다. 2006년 미국의 부시 대통령이 미국 대통령으로서는 처음으로 '석유 중독'을 경고한 것이나, 국제 에너지 기구, 미국 에너지국이 공식적으로 석유 생산 정점 사태를 경고하고 나선 것은 그 단적인 예다.

특히 이와 관련해 의미심장한 변화도 엿보인다. 에너지 효율 제고를 새로운 에너지 정책의 중심에 내세운 일본의 경우에서도 확인할 수 있듯이, 에너지 절약이 전 세계 에너지 정책의 화두로 제시되

고 있는 것이다. 특히 그간 에너지 공급만을 강조해 온 미국의 변화
는 더욱 의미심장하다.

이렇게 유럽, 일본, 미국 등에서 에너지 절약을 에너지 정책의 중
심에 놓게 된 데에는 이산화탄소와 같은 온실 기체 감축이 발등의
불이 된 탓이 크다. 기후 변화 협약「교토 의정서」가 2005년 2월 정
식으로 발효되면 당장 2012년까지 1990년과 비교했을 때 온실 기
체를 평균 5.2퍼센트 감축해야 하는 이들로서는 에너지 효율 제고가
가장 먼저 생각할 수밖에 없는 수단이다.

지구 온난화의 부정적 효과가 기상 이변, 자연 재해 등으로 심각
한 피해를 야기하면서 현실적인 문제로 떠오른 것도 이런 분위기를
가속화하는 데 한몫했다. 2007년 상반기에 잇따라 발표된 IPCC의
네 번째 기후 변화 보고서가 경고한 기후 변화가 초래할 여러 가지
문제는 그 대표적 예다.

둘째, '오래된 자원'의 부활

이런 상황에서 이미 1990년대부터 탈석유 시대에 대비하는 준비를
해 왔던 유럽 연합이 최근 들어 바이오디젤, 바이오가스 등 '바이오
매스'에 큰 관심을 쏟고 있는 것도 눈여겨볼 필요가 있다. 이렇게 바
이오매스가 부상한 데에는 풍력, 태양 에너지 등으로 대표되는 재생
가능 에너지로의 전환에 생각만큼 힘이 붙지 않고 있다는 사실이 크
게 작용했다.

유럽 재생 가능 에너지 협회의 통계를 보면, 유럽 연합은 전체

에너지 발전에서 재생 가능 에너지가 차지하는 비중이 15.1퍼센트 (2000년 기준)다. 이 중에서 풍력(5.7퍼센트), 태양광(0.03퍼센트)이 차지하는 비중은 극히 적다. 재생 가능 에너지 비중이 20퍼센트로 증가하는 2010년에도 풍력(25퍼센트), 태양광(0.5퍼센트)이 차지하는 비중은 크지 않을 것으로 보인다.

에너지 위기, 온실 기체 감축 등을 바로 해결해야 할 유럽 연합으로서는 당장 이용 가능한 새로운 방안을 모색할 수밖에 없다. 바로 이때 주목받은 '오래된' 자원이 바로 바이오매스다. 수송 연료로 식물성 기름(바이오디젤, 바이오에탄올)을 활용하거나, 난방 연료로 나무나 가축의 똥오줌에 건초를 섞어 썩힐 때 나오는 메탄을 때는 방식이 주목 받고 있다.

실제로 유럽 연합의 재생 가능 에너지 중에서 바이오매스가 차지하는 비중은 10퍼센트(2000년), 21퍼센트(2010년), 24퍼센트(2020년)로 계속 증가할 전망이다. 유럽 재생 가능 에너지 협회는 재생 가능 에너지가 세계 에너지 공급에서 차지하는 비중을 2040년까지 50퍼센트 수준으로 확대한다면 그중 바이오매스가 차지하는 비중은 79퍼센트(2001년), 75퍼센트(2010년), 66퍼센트(2020년), 58퍼센트(2030년), 52퍼센트(2040년)나 될 것이라고 전망했다.

셋째, 미래를 그리는 생태 마을

세계 곳곳에서 보이는 또 다른 주목할 만한 흐름은 정부, 민간 차원에서 활발하게 전개되는 생태 마을 조성 움직임이다. 이런 움직임은 크게 두 가지 방향으로 전개된다. 우선 신도시를 개발할 때, 재생 가능 에너지 이용과 에너지 효율의 극대화를 모색하는 방식이 두드러진다.

독일의 하노버 크론스베르크, 네카스울름, 네덜란드의 아머스포르트 뉴란트 등은 이렇게 신도시를 개발할 때부터 생태 마을로 조성한 대표적인 예다. 이들 마을은 공통적으로 태양열, 바이오매스를 이용한 난방, 생태 주택, 태양광 발전기를 부착한 주택 등을 통해 에너지 문제를 극복하는 새로운 마을의 전형을 보여 준다.

크로스베르크의 홍보를 담당하는 카린 엥앨케 씨는 "기존 도시의 주거 단지를 생태 마을로 바꾸기 위해서는 막대한 비용이 든다."라며 "크론스베르크처럼 계획 단계부터 생태 마을을 지향해 개발하면 기존 도시를 전환하는 것보다 훨씬 적은 비용으로 에너지 절약형 주거 단지를 조성할 수 있다."라고 지적했다.

또 다른 흐름은 기존의 도시의 주거 단지를 생태 마을로 전환하는 것이다. 독일 프라이부르크 보봉, 윤데 등이 대표적 예다. 이들은 주민이 주도해 기존의 주택을 개·보수하고, 교통 시스템을 정비하고, 기존의 난방 시스템을 태양열, 바이오매스를 사용하는 방식으로 전환함으로써 에너지 전환에 성공했다.

보봉의 에너지 전환을 주도한 안드레아스 델레스케 씨는 "새로 개발되는 마을은 전체 주거 공간의 극히 일부분에 불과하다."라며 "기존의 도시를 생태적으로 전환하는 여러 가지 방법을 고민해야 한다."라고 지적했다. 그는 "주민이 머리를 맞대고 그 도시의 특성에 가장 맞는 생태 마을을 그리는 게 필요하다."라고 덧붙였다.

미래는 없다

이처럼 세계 곳곳에서 점점 더 많은 정치인, 지식인, 언론인이 에너지 문제의 급박함에 눈을 뜨고 있다. 그러나 에너지 문제는 당장 그 결과가 드러나지 않는다. 이 때문에 에너지 문제는 가시적으로 드러나는 문제에 밀려 미래로 유예되는 경우가 많다. 특히 한국의 상황은 심각하다.

앞에서 에너지 문제에 대응하는 세계의 흐름을 크게 세 가지로 요약해 보았다. 유감스럽게도 한국에서는 단 한 가지도 제대로 진행되지 않고 있다. 우선 한국의 에너지 정책은 여전히 에너지 공급에 초점을 맞추고 있다. 정부 전망을 보면, 1인당 연간 에너지 소비량은 석유로 환산했을 때 2002년 4.4톤에서 2020년 6.2톤으로 늘어날 것으로 전망하고 있다.

이렇게 정부가 에너지 공급을 자신하는 가장 큰 이유는 원자력 발전소 추가 건설 계획이다. 6장에서 지적한 원자력 에너지의 여러 가지 문제점은 잠깐 잊자. 정부 계획대로 원자력 발전소를 계속 지어서 필요한 전기는 공급받을 수 있을 것이다. 그러나 이렇게 전기를 원자력 발전소를 통해 공급할 수 있다고 해서 파국을 막을 수는 없다.

일단 석유 생산 정점 사태가 온다면 석유 공급이 급격히 줄어든다. 그렇다면 수송 연료는 어떻게 할 것인가? 자동차, 수송선, 비행기가 움직일 수 없을 때, 하늘에서 전기·가스로 움직이는 자동차, 수송선, 비행기가 떨어지기를 기다릴 것인가? 당장 원자력 발전소에서 쓰이는 우라늄 공급부터 힘들 텐데 말이다.

문제는 여기서 그치지 않는다. 최근 들어 밀, 콩, 옥수수와 같은 곡물 가격이 폭등하고 있다. (지구 온난화가 그 원인으로 추정되는) 자연 재해로 수확량이 급감한 데다 (중국을 위시한) 전 세계 수요가 늘어난 탓이다. 잘 알려져 있듯이 한국은 먹을거리 자급률이 25퍼센트 수준이다. 이런 상황에서 석유 생산 정점 사태가 겹쳐서 석유 공급이 줄어든다면 어떻게 될까?

현재 한국의 농업은 생산, 유통, 소비 전 과정에 걸쳐 석유와 떼려야 뗄 수 없는 구조다. 화학 비료, 농업 기계가 생산 과정에서 쓰이고, 석유를 연료로 쓰는 수송선, 자동차가 이렇게 생산된 먹을거리를 운반한다. 갖가지 식품 가공 과정을 담당하는 공장도 석유가 없다면 멈출 수밖에 없다. 그 끝은? 1장에서 잠시 살펴본 1990년대 초반의 쿠바를 떠올려라. 또 1990년대 북한의 '고난의 행군'을 기억하라.

한국 경제 역시 마찬가지다. 일단 석유 생산 정점 사태가 도래하면 산업 분야에서 쓰이는 석유의 공급이 감소할 것이다. 이런 상황에서는 제품 생산비용이 올라가는 것은 불가피하다. 그렇게 생산된 제품을 외국으로 수출해야 한다. 그러나 수송선, 비행기를 움직일 때의 비용도 만만치 않다. 결국 수출에 의존하는 경제 역시 큰 타격을 입을 수밖에 없다.

유럽, 미국, 일본이 앞서서 획기적인 에너지 절약을 강조하고 바이오매스와 같은 당장 이용 가능한 대안에 관심을 가지는 것은 바로 이런 끔찍한 상황이 조만간 닥칠 수 있다는 위기감 탓이다. 한국은 위기감은커녕 오로지 원자력 타령만 하고 있다. 그것을 곧바로 보여주는 게 바로 수송 연료에 대한 정부의 대응이다.

정부는 현재 미래 수송 연료로 연료 전지 자동차를 꼽고 있다. 그러나 연료 전지 자동차를 본격적으로 상용화할 수 있는 시기는 아무리 이른 시점을 잡아도 2050년 정도다. 그 과정에서 연료 전지 자동차를 위한 인프라스트럭처를 구축하는 데 많은 시간, 비용이 든다. 미국 정부도 석유 생산 정점 시기를 2025년을 넘지 않은 시점으로 보는 데도 이렇게 한가하다.

대안은 있다. 바로 디젤 엔진 자동차에 그대로 이용할 수 있는 바이오디젤과 같은 식물 연료다. 이미 산업자원부는 2002년 5월부터 시범 사업을 실시해 기존 경유에 바이오디젤을 20퍼센트 섞어서 공급하기도 했다. 그러나 그뿐이었다. 5년이 지난 지금 바이오디젤 보급은 여전히 제자리걸음이다. 5년을 고스란히 까먹고 말았다.

거의 비슷한 시기에 시작한 독일을 보자. 독일은 2000년 24만 9000톤에 불과했던 바이오디젤 생산량이 2005년 235만 톤으로 10배 가까이 늘었다. 독일 전국의 1,900곳 주유소에서는 직접 소비자에게 100퍼센트 바이오디젤을 주유한다. 유럽 연합은 아예 2020년까지 전체 수송 연료의 10퍼센트를 바이오디젤과 같은 식물 연료로 전환할 계획을 갖고 있다.

도대체 이렇게 전환이 더딘 이유를 어디서 찾아야 할까? 산업자원부 산하의 연구 기관의 관계자는 그 이유를 이렇게 설명했다. "연료 전지 자동차는 현대자동차에서 관심을 가지고 있다. 또 연료 전지는 기존 원자력 업계의 이해와도 맞아 떨어진다. 그러나 바이오디젤은 재벌이 장악하고 있는 정유 업계의 이해에 반한다. 답은 뻔하다."

다른 길을 닦자

정부, 기업 게다가 언론까지 똘똘 뭉쳐 다른 길을 닦기를 원하지 않는다면 시민이 나설 수밖에 없다. 독일이 에너지 전환에 앞장서는 국가가 된 데도 아헨, 프라이부르크, 윤데의 예에서 볼 수 있듯이 시민이 직접 나서서 대안을 찾아 나섰기 때문이다. 누군가 먼저 걷기 시작하고, 하나둘씩 그 뒤를 따르면 결국 다른 길이 닦아질 수 있다.

그런 점에서 지금 한국에서 시급히 필요한 일은 사람들이 직접 볼 수 있는 미래를 불완전하나마 제시하는 것이다. 에너지 전환이 먼 나라 이야기가 아니라 한국에서도 가능하다는 것을 보여 줄 수 있는 공간이 필요하다. 독일의 프라이부르크, 윤데와 같은 생태 도시와 생태 마을이 한국에 몇 곳이라도 있다면 바로 거기서부터 다른 길을 닦는 일이 시작될 것이다.

이와 관련해 환경운동연합과 같은 영향력이 큰 환경 단체는 근본적으로 활동의 전환을 모색할 필요가 있다. 만약 환경운동연합이 서울을 과감히 포기하고 지방으로 옮겨서 지방 자치 단체, 지역 사회와 함께 환경 운동 20년이 응집된 생태 도시를 만든다면 그 파장은 그간의 활동 못지않게 클 것이다. 이런 발상의 전환이야말로 세상을 움직일 수 있지 않을까?

한국 대안 에너지의 미래는?

정부, 정계, 기업, 시민사회 안에서 재생 가능 에너지 확대를 위해
노력하는 다섯 사람이 모여 국내 재생 가능 에너지를 둘러싼 현실
을 진단했다. 유니슨 김두훈 대표, 동국 대학교 박진희 교수, S에너
지 장인철 상무, 민주노동당 진보정치연구소 조승수 소장, 에너지
관리공단 신재생에너지센터 이성호 소장이 그 주인공이다.

참으로 암담하다. 이들은 한 목소리로 "이 상태대로라면 한국의
재생 가능 에너지의 미래는 없다."라고 암울한 전망을 공유했다. 이
들의 이야기를 듣고 있으면 일종의 외부 충격 없이는 이런 상황이
바뀌지 않을 것 같다. 그러나 이런 외부 충격이 실제로 다가오면 대
책이 없다. '파티가 끝났다'는 것을 아는 순간, 안전하게 집으로 돌
아갈 차는 끊기고 없다.

정유 업계에 종속된 산업자원부, 바이오디젤 고사(枯死)

조승수 재생 가능 에너지 논의는 크게 두 가지 현안에 대응하고자
하는 관심에서 촉발되었다. 화석 연료의 고갈 가능성이 대두되면서
그 대안으로 재생 가능 에너지가 주목받게 되었다. 또 지구 온난화
가 전 세계적으로 큰 문제로 인식되면서 온실 기체 감축이 시급한

과제가 되었는데 재생 가능 에너지 확대는 그에 대한 대응으로 인식된다.

그러나 이런 세계적인 흐름에 비춰봤을 때 국내의 사정은 열악하기 짝이 없다. 2007년 재생 가능 에너지를 위한 정부의 예산은 1865억 원에 불과하다. 전력 산업 기반 기금 2456억 원을 더해도 약 4321억 원 수준이다. 자원 개발, 석유 비축 등을 위한 2007년 예산이 1조 1773억 원인 것과 비교해 보라.

가장 큰 문제는 정치적 의지다. 바이오디젤 보급 과정에서 단적으로 드러났듯이 이 정부는 재생 가능 에너지를 보급하고자 하는 의지가 없다. 현재 국내 바이오디젤 총 생산량은 연간 38만 킬로리터(약 33만 톤)까지 가능하지만 정부는 연간 9만 킬로리터(약 8만 톤)로 공급량을 제한하고 있다. 2002년부터 시범 사업을 시작했는데도 이 모양이다.

더구나 정부는 바이오디젤 생산 업체가 직접 바이오디젤을 공급하는 것도 막아 놓았다. 바이오디젤 확대에 이해가 상충되는 정유 업계에 바이오디젤 생산 업계가 종속되는 구조를 만들어 놓은 것이다. 정부가 재생 가능 에너지를 확대할 의지가 있다면 정유 업계와 독립적으로 바이오디젤 생산 업계가 성장할 수 있도록 도와줘야 하는데 그렇지 못한 것이다.

이성호 공감한다. 바이오디젤 보급 과정은 특히 안타깝다. 5년 가까이 BD20(바이오디젤 20퍼센트+경유 80퍼센트) 보급 사업을 진행해 왔는데, 2006년에 그게 BD5(바이오디젤 5퍼센트+경유 95퍼센트)가 되었고 실제로는 BD0.5(바이오디젤 0.5퍼센트 + 경유 99.5퍼센트)가 시중에 유통되고 있다. 앞으로 그 보급되는 양을 늘리겠다고 하는데 그것도 장담 못하는 현실이다.

바이오디젤은 재생 가능 에너지 확대라는 측면도 있지만 대기 오염 문제 해결을 위해서도 보급이 확대되어야 한다. 환경부가 올해 6,000억 원, 10년간 6조 원을 대기오염을 막는 데 쓰는데 바이오디젤을 보급하면 이보다 훨씬 효과적으로 오염 물질을 저감할 수 있다. 장기적으로는 열차, 기계에 쓰이는 경유도 바이오디젤로 대체할 수 있다.

2011년 정부 목표 달성하기 위해서는 특단의 조치 필요

조승수 바이오디젤뿐이 아니다. 지금 추세대로라면 2011년 1차 에너지 중에서 재생 가능 에너지가 차지하는 비중을 5퍼센트로 확대하겠다는 정부 목표도 달성하기 어렵다. 이 목표를 달성하기 위해서는 9조 원 이상을 투입해야 하는데 재원 마련을 위한 계획이 전혀 없다. 공공기관에 재생 가능 에너지 시설을 의무화하는 제도처럼 특단의 대책을 강구해야 한다.

이성호 정확한 지적이다. 현재 연면적 3,000제곱미터 이상 되는 공공 기관의 건물을 신축할 때 총 공사비의 5퍼센트를 재생 가능 에너지 시설을 마련하는 데 사용하도록 하고 있다. 이게 실효성이 있기 위해서는 최소한 연면적 1,000제곱미터 이상 되는 공공 기관

건물로 기준을 낮춰야 한다. 이렇게 기준을 낮추면 재생 가능 에너지 산업이 21퍼센트 추가 성장한다.

신축 건물에 제한되는 것도 문제다. 공공 기관의 건물을 증·개축할 때도 재생 가능 에너지 시설을 마련하도록 해야 한다. 특히 학교를 지을 때 재생 가능 에너지 시설을 마련하도록 하는 게 중요하다. 이 경우 재생 가능 에너지 산업이 105퍼센트 성장한다. 더구나 학교의 경우에는 재생 가능 에너지에 대한 교육, 홍보 효과도 크다.

박진희 재생 가능 에너지원에서 생산된 전기를 비싸게 사주는 발전 차액 지원 제도 역시 문제투성이다. 2007년도 예산은 270억 원에 불과하다. 더구나 2006년 8월에 개정된 내용을 살펴보면, 3킬로와트 태양광 발전기에서 생산된 전기에 대한 지원 폭이 줄었다. 대개 시민이 자기 집에 설치하는 태양광 발전기가 3킬로와트급이라는 것을 염두에 두면 큰 문제다.

에너지전환 활동을 하면서 직접 태양광 발전기를 설치하고 재생 가능 에너지를 생산해 본 경험이 있는 시민은 그런 경험을 갖지 못한 이와 비교했을 때 재생 가능 에너지에 대한 지지 수준이 다르다. 이런 교육·홍보 효과까지 염두에 둔다면 발전 차액 지원 제도를 좀 더 일반 시민이 혜택을 누릴 수 있는 방향으로 바꿔야 한다.

이렇게 일반 시민이 혜택을 누리지 못하기 때문에 재생 가능 에너지에 대한 시민의 지지도가 낮다. 또 외국 자본이 들어와서 대규모 태양광, 풍력 단지를 운영하다 보니 국민이 부담한 돈이 이 제도로 인해 외국으로 흘러가고 있다는 비판을 받게 된다. 정부가 발전

차액 지원 제도의 여러 가지 측면을 좀 더 고려할 필요가 있다.

재생 가능 에너지, '경제성 있다'

이성호　재생 가능 에너지의 경제성도 다시 평가해야 한다. 최근 풍력 발전은 경제성을 확보한 것으로 평가받는다. 경제성 이야기를 할 때 따져 볼 게 있다. 현재 국내 전기의 시장 가격은 80원이다. 풍력 발전으로 생산된 전기의 기준 가격은 107원이다. 이것만 놓고 보면 풍력 발전에는 경제성이 없다. 그런데 다른 나라와 비교해 보자.

일본은 전기의 시장 가격이 한국보다 2.5배나 비싸다. 일본에서는 풍력 발전의 경제성이 충분하다. 한국은 전 세계에서 전기가 가장 싼 나라에 속한다. 왜 이렇게 전기가 싼가? 정부가 낮은 전기 가격이 유지되도록 막대한 혜택을 주기 때문이다. 이런 상황에서 단순 비교를 통해 재생 가능 에너지가 경제성이 없다고 비판하는 것은 옳지 않다.

더구나 일반 시민으로서는 이런 원가 논란과 상관없이 재생 가능 에너지에 투자하는 게 장점이 있다. 정부가 발전 차액 지원 제도와 같은 각종 지원을 통해 최소한 은행에 돈을 맡길 때보다 나은 연 7퍼센트 이자율 수준이 보장되도록 지원해 주기 때문이다. 정부 역시 마찬가지다. 지금 투자하는 게 미래 가치를 보면 훨씬 큰 이익이다.

지금 연간 500억 원 투자하는 것은 10년 후 5000억 원 투자하는 것과 비슷한 효과가 있을 것이다. 실제로 최근 재생 가능 에너지 관련 기업의 가치가 계속 높아지고 있다. 특히 태양광 산업의 경우

전 세계적으로 급속도로 성장하는 산업이다.

김두훈 실제로 유니슨의 주식은 보름새 5,000원대에서 1만 1000원대로 올랐다. 풍력 산업은 바람만 잘 타면 금방 올라간다. 2000년대 들어서면서 풍력 발전에 관심을 기울이기 시작했는데 이제 확실히 자리를 굳혔다. 현재 국내에 보급된 200메가와트 풍력 발전기 중에서 140메가와트를 유니슨에서 보급한 것이다.

그러나 여전히 미래는 불확실하다. 정부는 2011년까지 2,300메가와트를 보급할 것을 목표로 내세우고 있다. 이런 목표를 믿는 사람은 아무도 없다. 지금 상태대로라면 안 될 게 뻔하기 때문이다. 기업이 열심히 해보려고 해도 도와주지 않는다. 정부는 목표만 세워놓고 구경만 하고 있다.

올해 풍력 발전기를 주문한 곳은 단 4기(강원도 2기, 제주도 2기)다. 750킬로와트 풍력 발전기를 국산화해도 정작 국내에서 외면하고 2.5메가와트 외국산 풍력 발전기를 도입하려 한다. 이런 상황에서는 사업이 유지되지 않는다. 중국, 동남아시아 시장을 노려보라지만, 한국에서도 사용하지 않은 풍력 발전기를 중국에다 팔려고 하니 그게 잘 되겠는가?

독일의 경우는 달랐다. 철저하게 기술 개발과 보급 사업이 함께 간다. 정부에서 확실하게 국산 풍력 발전기를 쓰는 경우, 외국산 풍력 발전기를 쓰는 경우, 바람의 질이 좋은 지역에서 풍력 발전 단지를 하는 경우 등 상황별 맞춤형 지원을 하니 풍력 산업이 성장할 수밖에 없다.

사실 국내 서해안, 남해안의 경우 경제성만 따지면서 풍력 발전기를 설치하기에는 바람의 질이 좋지 않다. 그럼, 독일은 전국이 다 바람의 질이 좋은가? 아니다. 정부가 바람의 질이 좋지 않은 곳에 풍력 발전 단지를 조성하면 그만큼 더 지원해 주니 풍력 산업에서 관심을 갖고 이곳저곳에 풍력 발전기를 설치한 것이다. 이런 획기적인 대응이 필요하다.

그러나 현실은 정반대다. 최근 지방에 공장을 지었다. 지붕이 많이 놀고 있어서 태양광 발전기를 설치하려고 했더니 법이 가로막더라. 법으로 공장 내 상업 행위가 금지되어 있다 보니 공장 지붕에는 태양광 발전기를 설치하려고 해도 못한다. 산업자원부에서는 계속 개정한다는 말만 하면서 미루고 있다.

정부의 재생 가능 에너지 산업 육성 의지 노력 절실

장인철 태양광 산업 쪽은 또 다른 문제도 있다. 지금 이쪽 업계에서는 50~60개 업체가 경쟁하고 있는데, 자칫 잘못하면 공멸할 확률이 아주 크다. 2006년에 '태양광 주택 10만 호 보급 사업'에 참여한 기업 총 20곳 중에서 2007년에도 사업을 계속하는 기업은 S에너지, 유니슨 등 두 곳뿐이다.

일부 기업이 치고 빠지는 식의 행태를 하니 걱정스럽기 짝이 없다. 태양광 발전기는 최소한 15년 동안 유지 관리를 해주지 않으면 안 된다. 현재 업계에서 연간 매출 100억 원이 넘어선 기업이 등장한 것도 불과 3년 전이다. 앞으로가 상당히 중요한데 업체들이 난립해서 인도산, 중국산 부품(모듈)을 들여다 태양광 발전기를 설치하다 보면 그 결말은 뻔하다.

이런 상황이 계속되면 한국 시장은 금세 외국 기업에 넘어간다. 일본에서는 이런 일이 있을 수 없다. 독일, 미국 회사가 일본에 가면 가격, 품질 경쟁력에서 살아남을 수 없다. 만만한 게 한국이다. 독일, 미국 회사가 최근 한국을 집중 공략하고 있다. 실제로 현재 태양광 발전기의 60퍼센트는 외국산이다.

앞에서 업계의 자정 노력이 필요하다는 이야기를 했지만 정부역시 문제다. 정부에서 하는 1.2메가와트 태양광 발전기 입찰에 S에너지 같은 한국 기업은 낄 수 없다. 국산도 품질 괜찮다. 열심히 해서 일본, 독일, 미국의 태양광 발전기와 견줬을 때 95퍼센트 가까이는 근접했다. 그런데 아예 기회를 안 주니 비애감을 느낀다.

이성호 정부가 본격적으로 태양광 산업에 투자를 시작한 게 2005년이다. 그런데 막상 투자하려니 2004년부터 전 세계적으로 태양광 산업의 핵심 부품이라고 할 수 있는 태양 전지의 원료 실리콘이 품귀 현상을 빚고 있어서 산업 육성이 여의치 않다. 국내에서는 현재 태양 전지를 수입해 태양광 발전기의 핵심 부품인 모듈 단계만 6개 업체에서 국산화 되어 있다.

그나마 태양 전지의 원료가 되는 실리콘이 2007년 하반기부터는 국내에서도 양산될 예정이다. 삼성, LG 등에서도 기존에 가지고 있는 반도체, 디스플레이 기술을 응용하면 태양 전지를 생산하는게 어렵지 않다는 말을 한다. 관심이 있다는 소리다. 이렇게 차근차근 태양광 발전기 생산의 전 단계가 국내에 구비되면 태양광 산업의 미래가 어둡다고 볼 수 없다.

박진희 아쉬운 것은 대기업의 관심이다. 현재 전 세계적으로 태양광 산업이 크게 성장하고 있다. 태양광 발전기의 태양 전지 실리콘이 품귀 현상이 일어났던 것도 이 때문이다. 삼성 입장에서는 메모리 반도체 시장과 비교했을 때는 태양 전지 반도체 시장이 작아 보일지 모르겠다. 그러나 산업의 성장 속도를 염두에 두면 그냥 두기엔 아까운 시장이다.

일단 대기업이 태양 전지 생산에 뛰어들면 기존의 태양광 산업이 비약적으로 커질 수 있다. 그럼 태양광 발전기의 가격 경쟁력도 생겨서 국내 재생 가능 에너지의 확대에 큰 도움이 될 수 있다. 대기업, 중소기업도 같이 이익을 보고 국내 재생 가능 에너지 보급 확대에도 도움이 되는 방향이 있는데 현실에서는 그런 모습이 보이지 않는다.

여기서 다시 정부의 역할을 묻고 싶다. 정부의 전망을 보면, 2020년까지 발전 설비 비율에서 재생 가능 에너지가 차지하는 비중을 7퍼센트까지 늘리겠단다. 그러나 전체 발전량과 비교해보면 2005년 1.08퍼센트에서 2020년은 고작 1.6퍼센트에 불과하다. 여전히 원자력(43퍼센트), 석탄(30퍼센트) 등이 대부분이다. 정말로 정부가 재생 가능 에너지를 확대할 의지가 있는가?

원자력문화재단 해체하라

조승수 그렇게 물으면 정부는 당연히 '의지가 있다'고 할 것이다. 실제로 그 의지가 어떤 식으로 관철되는지를 살펴야 한다. 현재 정부는 원자력 발전 중심의 전력 정책을 계속 밀어붙이고 있다. 앞에서 잠시 언급되었듯이 공장 지붕에 태양광 발전기 설치하는 건 시행령만 개정하면 되는데도 못하고 있다.

지금 정부, 특히 산업자원부는 원자력 업계, 정유 업계 등 기존 에너지 업계의 이해관계와 얽혀서 재생 가능 에너지의 성장을 오히려 가로막고 있다. 실제로 대통령 자문 지속가능발전위원회에서 재생 가능 에너지 확대와 관련된 여러 가지 제안을 대통령에게 건의하려고 했지만 번번이 산업자원부가 발목을 잡아서 무산된 사실이 있다.

김두훈 솔직히 정부에게 묻고 싶다. 왜 재생 가능 에너지를 공급하려고 하는가? 원자력 중심의 전력 정책을 고수할 생각이면 굳이 재생 가능 에너지 확대에 정부가 나설 이유가 없다. 혹시 원자력 발전에 반발이 심하니까 그것을 무마하기 위한 수단으로 재생 가능 에너지를 끼워 주는 게 아닌지, 이런 생각까지 든다.

박진희 정부가 재생 가능 에너지를 확대하는 이유는 이렇다. 높아지는 고유가에 대비하는 수단으로, 더 나아가서는 '수소 경제'로 이행하는 기반을 마련하는 과도기 단계에서 잠시 거쳐야 하는 에너지원으로 인식하고 있을 뿐이다. 원자력, 화석 연료 중심의 에너지 시스템을 풍력, 태양광, 바이오 에너지 등이 중심이 되는 시스템으로 '전환'하려는 계획은 전혀 없다.

이성호　산업자원부에도 재생 가능 에너지를 확대하고자 노력하는 이들이 있다. 그러나 해당 부서의 담당자를 제외하고 다른 이들은 재생 가능 에너지에 대해 부정적이다. 더구나 시민들의 지지도 없으니 그런 재생 가능 에너지를 담당하는 부서에 힘이 실리지 않는다.

이것은 정말 큰 문제다. 당장 2013년부터 기후 변화 협약 「교토의정서」의 온실 기체 감축 의무 대상국이 되면, 이 상태대로라면 나라가 한번 뒤집어질 것이다. 전 세계가 에너지 문제를 해결하기 위해 숨 가쁘게 움직이고 있는데 한국만 무풍지대다. 당장 시민의 의식을 왜곡하는 에너지의 공급·소비 구조를 개선해야 한다.

우선 에너지 세금 체계부터 뜯어 고쳐야 한다. 예를 들어 전기 1킬로와트시로 난방을 하면 약 800킬로칼로리밖에 안 나온다. 그런데 전기 1킬로와트시를 만드는 화석 연료로 난방을 하면 약 2,500킬로칼로리를 얻을 수 있다. 이런 데도 정부가 싼 전기를 보장해 주다 보니 시민들이 현재의 에너지 공급·소비 구조가 얼마나 왜곡된 것인지 알지 못한다.

박진희　현재 원자력문화재단은 연간 120억 원을 사용하고 있는데 특정 에너지원을 홍보하기 위해서 이런 지원을 할 필요가 있는지 따져 봐야 한다. 정부가 재생 가능 에너지를 육성하고자 하는 의지가 있다면 원자력문화재단 대신 재생가능에너지문화재단을 만들어야 한다.

전 세계적으로 에너지 문제가 화두가 되면서 국가별로, 국제기구별로, NGO별로 여러 가지 에너지 시나리오가 작성되고 있다. 한국은 그런 제대로 된 시나리오 하나 마련하지 못하고 있는 실정이다. 앞으로 수십 년간 정부의 에너지 정책이 어떻게 가야 할지에 대한 전망이 제시되고 그에 대한 전 국민적 토론이 있어야 한다.

이성호 단순히 재생 가능 에너지를 증가하는 것만이 능사는 아니다. 재생 가능 에너지 증가율보다 총 에너지 소비가 늘어나면 소용이 없다. 독일이 2050년에 1990년 대비 2분의 1로 총 에너지 소비를 줄이겠다는 목표를 세운 것처럼 에너지 공급·소비 시스템의 전환이 필요하다.

또 단기적으로 재생 가능 에너지 산업을 확대하기 위해서는 최소한 공공 기관, 공기업의 적극적인 관심이 필요하다. 당장 정부 차원에서 공기업의 입찰의 경우에는 국내 기업이 외국 기업보다 유리한 조건에서 경쟁할 수 있도록 배려해 주는 것, 또 국내에서 개발한 제품이 실제로 유통될 수 있도록 해주는 정책이 필요하다.

재생 가능 에너지는 새로운 성장 동력

장인철 재생 가능 에너지 산업을 하면서 가장 아쉬운 점은 도대체 미래를 전망할 수 없다는 것이다. 앞에서 지적한 대로 정부가 기업으로 하여금 미래를 예상할 수 있게끔 확실한 전망을 제도로 보장하라. 그러면 기업은 기술 개발, 공장 투자, 인력 투자를 열심히 할 테고, 그러면 자연스럽게 산업 경쟁력도 생기지 않겠는가?

김두훈 동감한다. 한 가지 덧붙이자면 정부가 정말 재생 가능 에너지 산업을 육성하려는 의지가 있다면 대량 생산할 수 있는 동기 부여를 해야 한다. 앞에서 언급했듯이 남해안, 서해안, 북한에도 풍력 단지를 만들 수 있도록 정부가 지원하라. 그러면 자연스럽게 국내 풍력 산업도 같이 산다.

조승수 노무현 정부 내내 새로운 성장 동력 산업을 찾는 데 혈안이 되었다. 재생 가능 에너지 산업은 에너지 문제 해결에 돌파구를 마련하면서 새로운 성장 동력 산업으로 자리매김할 수 있는 잠재력이 충분하다. 특히 이 산업은 다른 어떤 산업보다도 일자리 창출 효과가 크다는 점에서 더욱 그렇다. 현재 국내의 재생 가능 에너지는 여러 가지 어려운 조건에 처해 있다. 앞으로 기존의 에너지 기득권을 해체하면서, 정부의 변화를 강제할 수 있는 연대가 필요하다. 정부는 획기적인 에너지 정책의 변화까지는 아니더라도, 최소한 큰 흐름에 발맞춰 적응하는 모습이라도 보였으면 한다.

'지역 에너지'는 '착한 에너지'

영국 런던의 메릴리본(Marylebone) 거리에 있는 한 자동차 주차장. 매주 일요일 오전 10시부터 오후 2시까지 이곳에서는 '농민 장터(farmer's market)'가 열린다. 20곳 농가에서 온 농민들이 생산한 먹을 거리 33개 품목을 시민에게 판매한다. 이들 농민은 런던에서 반경 50킬로미터 이내에서 직접 먹을거리를 생산한다.

이런 농민 장터는 최근 10년 새 영국 전체에 수백 곳이 생겼다. 미국, 일본, 캐나다 등 세계 각국에서 이처럼 농민 장터가 급속도로 늘고 있다. 국내에서도 대구에서 2006년 열 차례 농민 장터가 열려 농민, 시민의 큰 호응을 얻었다. 지구화 시대에 뜬금없이 '지역 먹을 거리(local food)'가 주목을 받는 것이다.

지역 먹을거리는 일반적으로 '인근 지역에서 생산한 제철 먹을 거리'를 말한다. 영국을 비롯한 여러 국가에서는 지역의 범위를 '반경 50킬로미터 이내'로 정한다. 그러나 미국, 캐나다 같은 국가에서는 '하루 동안 운전해서 갈 수 있는 거리(250킬로미터)'를 지역의 기준으로 삼기도 한다.

이렇게 지역 먹을거리에 사람들이 주목하게 된 이유는 무엇일까? 2006년 10월 미국의 지역 먹을거리 운동을 소개하고자 한국을 찾은 마크 윈 씨는 뜻밖에도 석유 파동을 언급했다. 그는 "1979년

코네티컷 주에 살 때, 제2차 석유 파동으로 유가가 급등하자 대혼란이 벌어졌다."라며 "유가 급등으로 트럭이 운행을 멈추자 먹을거리 공급이 끊겼다."라고 설명했다.

원 씨는 그때 원거리를 이동하는 먹을거리가 얼마나 '위험'한 것인지 실감했다. 이런 깨달음은 결국 지역에서 생산한 먹을거리를 지역에서 소비하는 지역 먹을거리에 대한 관심으로 이어졌다. 1970년대 불과 10개에 불과했던 미국의 농민 장터는 미국 전역에 걸쳐 약 4,000개가 존재한다. 물론 소비자, 생산자 양쪽 다 만족했기에 이런 폭발적인 성장이 가능했다.

원 씨는 "농민 장터 덕분에 생산자는 좀 더 비싼 가격에 먹을거리를 팔고, 소비자는 질 좋은 먹을거리를 좀 더 싼 가격에 구할 수 있다."라고 설명했다. 대기업의 배를 불리는 복잡한 유통 과정을 거치지 않기 때문에 생산자, 소비자 양측 다 이득을 볼 수 있었다. 물론 이 과정에서 부가 대기업으로 흘러가지 않기 때문에 지역 경제도 살렸다.

지역 에너지, 가능한 도전

먹을거리뿐 아니라 에너지도 이렇게 지역에서 생산하고 소비할 수 없을까? 최근 전 세계 곳곳에서 '지역 에너지(local energy)'가 큰 주목을 받고 있다. 여기서 한 가지 의문이 생긴다. 먹을거리야 농사를 지을 수 있는 곳이라면 어디서든 생산할 수 있지만, 에너지는 석유와 같은 자원이 매장된 곳에서나 자급자족할 수 있지 않을까?

여기 이런 상식을 깨는 사례가 있다. 나이지리아에서는 1998년부터 7번이나 송유관 폭발 사고가 일어나 약 2,000명이 사망했다. 이런 송유관 폭발 사고는 대개 사람들이 송유관에 구멍을 뚫고 석유를 훔치는 중에 발생했다. 세계에서 12번째로 석유 매장량이 많은 나라에서 사람들이 목숨을 걸고 석유를 훔치는 까닭은 무엇일까?

나이지리아의 암시장에서 석유 0.5리터는 노동자 임금 2주치에 맞먹는 가격으로 거래된다. 석유를 외국 석유 기업이 독점하면서 정작 가난한 사람은 만성적인 에너지 빈곤에 처해 있다. 나이지리아의 일부 무장 세력이 외국인을 납치하는 것도 이런 사정과 무관치 않다. 이처럼 석유를 생산하는 곳에서도 에너지 자급자족은 쉬운 일이 아니다.

반면 석유 '한 방울' 나지 않아도 지역 에너지를 생산하고 소비하는 곳도 많다. 8장에서 소개한 윤데 마을이 바로 그런 곳이다. 750명의 주민이 사는 이 작은 마을은 가축의 똥오줌과 밀, 옥수수 건초를 함께 썩힐 때 나오는 메탄을 이용해 전기, 열을 생산한다. 이렇게 생산되는 전기는 연간 4,000메가와트시로, 윤데에서 사용하는 전기의 두 배나 된다.

윤데에서는 열병합 발전소에서 전기를 생산할 때 나오는 열을 이용해 물을 데워서 난방한다. 이 발전소에서 나오는 열은 연간 5,500메가와트시로, 윤데에서 1년 동안 필요한 열(약 3,500메가와트시)을 충분히 감당할 수 있다. 이렇게 열과, 전기를 생산하는 가축의 똥오줌과 밀, 옥수수 건초는 물론 윤데의 농가에서 생산한 것이다.

이처럼 지역 에너지는 석유와 같은 자원의 매장 여부와는 전혀 관계없다. 둘러보면 지역에 가장 적합한 에너지는 어디나 존재하기 때문이다. 앞에서 살펴본 태양, 바람, 수력, 지열, 바이오매스는 좋은 예다. 심지어 샌프란시스코에서는 생활 쓰레기의 4퍼센트 정도를 차지하는 개, 고양이의 배설물로 메탄을 생산해 연료로 사용할 계획이다.

21세기 미래 에너지의 조건

일단 지역 에너지를 사용하면 어떤 좋은 점이 있을까? 당장 지역에서 에너지를 자급자족하면 유가의 등락에 일희일비하지 않아도 된다. 석유 생산 정점 사태가 와서 석유 공급이 줄어들더라도 그 영향이 크지 않을 것이다. 앞으로 본격적으로 전개될 자원을 둘러싼 갈등에서도 비교적 자유로울 수 있다.

또 지역 에너지는 정의롭다. 우리가 초국적 석유 기업이 공급하는 석유를 펑펑 쓸 때, 제 땅에서 나는 석유 한 방울을 구하고자 목숨을 거는 사람들이 있는 현실은 정의롭지 못하다. 도시에서 전기를 마음껏 쓰려고 지방에서 위험한 원자력 발전소와 방사성 폐기물을 떠안아야 하는 것도 마찬가지다. 지역 에너지는 이런 부정의를 극복할 수 있는 대안이다.

지역 에너지는 경제적이다. 대형 발전소는 수입한 석탄, 석유, 우라늄을 이용해 전기를 생산한다. 이 전기는 또 원거리를 이동해 공장, 가정에 공급된다. 이런 이동을 가능하게 하는 송배전 시설을 갖추는 데도 큰 비용이 든다. 지역 에너지는 이 전 과정에서 낭비되는 비용을 크게 줄일 수 있다.

지역 에너지의 장점은 이뿐이 아니다. 지역의 자원을 활용해서 에너지를 생산하다 보면 자연스럽게 해당 지역에 일자리가 창출된다. 독일을 비롯한 곳곳에서 태양, 풍력, 바이오매스 에너지가 새로운 지역의 성장 동력으로 자리매김하고 있다. 지역 에너지가 곧 지역 경제를 살리는 것이다.

지역 에너지는 민주주의와도 어울린다. 에너지를 지역 주민이 직접 선택할 길이 열리면서, 그간 전문가가 독점했던 에너지 정책에 지역 주민이 참여하는 것도 가능해진다. 또 원자력 에너지처럼 중앙 집중적인 통제가 필요 없기 때문에, 지역 에너지는 말 그대로 '자치'의 토대가 된다.

사실 불과 수십 년 전까지 유럽, 북아메리카를 제외한 대다수 지역에서는 지역 에너지를 사용했다. 인근의 야산에서 땔감을 찾아서 난방에 이용하고, 식물 기름으로 불을 밝혔다. 수송은 소, 말 등의 몫이었다. 이제 다시 지역 에너지가 주목을 받고 있다. 자, 우리는 21세기에 어떤 에너지를 선택할 것인가?

『에너지 주권』

헤르만 셰어, 배진아 옮김, 고즈윈, 2005년.

1장에서 소개한 『파티는 끝났다』와 함께 꼭 읽어야 할 책이다. 현재 우리가 직면한 에너지 위기의 실체를 조목조목 설명하면서 왜 에너지 전환에 나서야 하는지 설득한다. 헤르만 셰어는 세계 재생 가능 에너지 위원회 의장으로 전 세계의 에너지 전환 운동을 주도 하고 있다.

『지역 에너지: 우리 동네 에너지 농부들 이야기』

이유진, 이매진, 2007년.

지역 에너지를 개념부터 사례까지 정리한 책이다. 지역 에너지 가 명실상부한 미래 에너지의 가장 첫 번째 조건임을 설득력 있게 주장한다. 특히 지역 에너지 실험을 하고 있는 충청남도 홍성군 홍 동면을 비롯한 국내 사례와 그간 국내에 알려져 있지 않은 일본, 중 국의 사례를 담고 있어서 아주 유용하다.

『에코토피아 뉴스』
윌리엄 모리스, 박홍규 옮김, 필맥, 2004년.

혁명이 일어난 후 200년이 지난 미래는 어떤 모습일까? 나온 지 100년도 더 된 이 책은 에너지 문제를 직접 말하지 않는다. 다만 에너지 문제부터 시작해서 우리가 만들 수 있는 세상이 지금과 어떻게 다를 수 있는지 생생히 보여 준다. 에너지 위기를 극복하고자 우리가 지향해야 할 미래는 이 책의 묘사와 다르지 않을지 모른다.

'코난의 시대'를 상상하자

책을 낼 때마다 고민하는 일이 있다. 책을 낼 때의 효용이 책을 내면서 없어질 자원(이 책 탓에 없어질 열대우림과 같은)보다 더 큰가? 이 책 역시 마찬가지다. 취재 과정에서 비행기를 타고 유럽을 두 번이나 다녀왔고, 국내외 취재 과정에서 자동차를 타면서 많은 에너지를 낭비하고, 온실 기체를 대기 중에 배출한 것을 염두에 두면 더욱더 그렇다.

이렇게 지구로부터 빌린 것을 어떻게 갚을 수 있을까? 앞으로 이 책에 담은 여러 가지 내용이 현실이 되도록 조금이나마 힘을 보태는 것 말고는 뾰족한 방법이 떠오르지 않는다. 다만 이번에 배출한 온실 기체의 양을 염두에 두면서 이를 줄이려는 좀 더 적극적인 노력을, 나 자신부터라도, 시작하자고 마음먹어 본다.

스스로 마음먹는 것만으로는 한계가 있다. 꼬박꼬박 텔레비전 드라마 챙겨보는 것 말고는 생산적인 일을 하는 데 늘 굼뜨기만 한 내가 이런 책을 내게 된 것도 오랫동안 옆에서 채근해 준 고마운 분들 탓이다. 앞으로도 그런 역할을 맡아 주실 것을 믿으며 그중 몇 분을 언급하는 게 도리일 것이다.

에너지 문제에 관심을 두게 된 데는 에너지전환, 녹색연합, 환경운동연합과 같은 환경 단체 선생님들의 헌신적인 실천에서 큰 영향을 받았다. 특히 이필렬, 윤순진, 박진희, 이상훈, 양이원영, 김연지, 염광희, 안준관, 이유진 선생님을 남보다 일찍 알고 배운 것은 큰 행운이었다. 이 책에 쓸 만한 내용이 담겨 있다면 그 공은 일차적으로 이분들에게 돌려야 할 것이다. 시민이 주도하는 에너지 전환을 실현하고자 밤낮없이 뛰는 시민발전의 박승옥 선생님, 5년 전 부안에서 처음 인연을 맺은 뒤 계속 에너지 전환의 문제의식을 공유하면서 격려를 아끼지 않은 부안의 이현민 선생님께도 감사의 말씀을 전한다. 이 책이 이분들의 활동에 힘이 되기를 바랄 뿐이다.

민주노동당의 '녹색' 세력으로서 고군분투하는 한재각, 이강준, 장주영, 김선희, 강은주 선생님께도 고마움을 표시하지 않을 수 없다. 이분들은 오랜 시간과 많은 노력을 통해 얻은 자료를 제공해 주었다. 이 자료 탓에 국내 재생 가능 에너지 산업의 현황을 단시간에 파악할 수 있었고, 재생 가능 에너지 대북 지원 제안이 좀 더 현실적인 근거를 갖게 되었다.

취재 과정에서 도움을 준 독일의 최정철, 오스트리아의 박소현, 네덜란드의 장광렬, 광주의 김광훈, 부안의 김인택 선생님께도 감사를 드린다. 특히 대학 동기인 최정철은 엔지니어로서 사회에 기여할 수 있는 길을 고민하다 풍력 발전 연구에 뛰어들었다. 매번 볼 때마다, 말만 앞서고 행동은 보잘 것 없는 스스로를 돌아본다는 사실을 고백한다.

늘 격려와 질책을 아끼지 않은《프레시안》의 선배, 동료에게도 감사의 말을 전한다. 이들이 대선을 앞두고 일손이 모자란 상황에서, 이렇게 원고를 정리하는 데 시간을 낼 수 있도록 배려해 주지 않았다면 이 책은 나오지 못했을 것이다. 특히 국내외 취재에 동행하며 고생했던, 사실상 이 책의 공동 저자인 이지윤, 여정민에게 특별히 고맙다는 이야기를 전하고 싶다.

지난 10여 년간 '과학 기술 민주화'를 위해 함께 고민하고 노력해 온 시민과학센터 선생님, 생태주의, 민주주의를 고민해 온《녹색평론》편집자문위원회 선생님께도 감사드린다. 에너지 위기와 그에 대응하는 에너지 전환 움직임에 관심을 가지게 된 것은 이분들의 말과 글 때문이었다. 앞으로도 이분들과 어려운 길을 같이 걸어가리라 믿어 본다.

마지막으로 함께 길을 걸어가는 것이 무슨 의미인지를 매번 깨닫게 해주는 '양구와 함께' 친구들에게 감사의 인사와 함께 애정을 듬뿍 보낸다. 이 책을 마무리하면서 언제가 될지 모르지만 이들과 함께 태양광 발전기를 직접 설치하자고 마음먹었다. 이 책을 덮는 당신도 친구들과 함께 햇빛으로 직접 에너지를 만드는 '코난의 시대'를 상상하고, 실천했으면 좋겠다.

2007년 11월

강양구

원자력을 둘러싼 7가지 신화*

"아버지, 저 사람들을 용서하여 주십시오! 그들은 자기가 하는 일을 모르고 있습니다." ― 누가 23: 34

장면 하나 아랍에미리트에 원자력 발전소 수출을 성사시켰다고 온 나라가 들썩이고 나서, 2010년 1월 한 여론 조사 결과가 언론을 통해서 발표되었다. 한국원자력문화재단이 조사한 결과를 보면, "원자력 발전소가 필요하다."라고 답한 응답자가 93퍼센트에 달했다. 한 달 전인 12월의 같은 조사 결과 82.5퍼센트에서 무려 10.5퍼센트가 상승한 것이다.

93퍼센트. 이 여론 조사 결과를 보면서 한 장면이 겹쳤다. 2005년 황우석의 조작 논문이 《사이언스》에 실리고 나서, 여론 조사를 해 보면 그의 연구를 지지하는 응답자가 97퍼센트에 달했다. 이렇게 과학 기술이 애국주의로 포장될 때 일단 열광하고 보는 한국 사회의 모습은 2005년에 그 홍역을 치르고도 전혀 달라지지 않았다.

---

*이글의 초고는 《녹색평론》 2010년 5-6월호(제112호)에 실렸습니다.

장면 둘 여론 조사 결과를 접할 즈음에 공무원, 기업인, 언론인 등이 참여하는 모임이 있었다. 구석에서 얘기를 경청하던 중에 기후 변화, 자원 고갈 이야기가 나왔다. 평소 상당한 식견을 자랑하던 한 중년의 공무원이 한마디를 툭 던졌다. "아무리 생각해 봐도, 대안은 원자력 에너지 아닌가요?"

그 자리에 모인 이들은 그 공무원의 말에 모두 다 고개를 끄덕였다. 한 언론인이 덧붙였다. "외국에서는 환경 운동가 중에도 원자력 에너지 찬성 쪽으로 돌아서는 사람이 많다고 하더군요. 기후 변화에 대응하는 가장 효과적인 방법이 원자력 에너지뿐이라는 걸 뒤늦게 인정한 셈이지요." 그 말에 모두 다시 고개를 끄덕였다.

대통령이 취임 전부터 "원자력" 타령을 하더니, 어느새 원자력 에너지가 전 국민이 찬양하는 '희망의 에너지'로 바꾸는 중이다. 여기에 더해서 내로라하는 환경 운동가(?)마저 원자력 에너지에 홀린 듯, 그것을 받아들여야 할 것처럼 이야기한다. 1980년대를 기점으로 숨을 헐떡이던 원자력 에너지가 정말로 인류의 구원자로 화려하게 부활하는 것일까?

앞으로 살펴보겠지만 원자력 에너지는 절대로 희망의 에너지가 될 수 없다. 이 글은 원자력 에너지를 둘러싼 일곱 가지 거짓말의 실체를 하나씩 살피면서, 원자력 옹호자들이 유포하는 환상을 걷어 낼 것이다. 이렇게 진실을 찾는 과정에서 '원자력 없는 세상'을 꿈꾸는 이들이 지금 함께 해야 할 일이 무엇인지 토론거리도 몇 가지 제시한다.

신화 1: 해결사 원자력?

당혹스럽다. 환경 문제에 눈곱만큼의 관심도 없는 이들뿐만 아니라 영향력 있는 환경 운동가 중에서도 원자력 에너지를 자원 고갈, 기후 변화의 대안으로 여기는 이들이 있기 때문이다. 그간 환경 운동의 편으로 여겨졌던 제임스 에프라임 러브록, 마크 라이너스, 조지 몬비오와 같은 이들까지 원자력 에너지에 대한 노골적인 호감을 표시하고 있다.

이들이 입장을 바꾼 중요한 계기는 바로 지구 온난화가 초래하는 기후 변화의 위험이다. 이들의 입장은 간단하다. "온실 기체 방출이 없는 원자력 에너지는 (여전히 위험하지만) 예전과 달리 사고 발생 위험이 크게 줄었기 때문에 지구 온난화가 초래하는 기후 변화를 막는 가장 효과적인 방법이다."

환경 문제에 대한 신뢰할 만한 기사를 쓰는 것으로 유명한 프레드 피어스 같은 기자(!)도 지구 온난화를 막을 대안 중 하나로 원자력 에너지를 언급할 정도면, 이런 주장은 거의 '사실(fact)'처럼 여겨진다. 그러나 에너지를 둘러싼 현실을 조금만 눈여겨보면 이런 주장이 얼마나 당찮은 말인지 곧바로 알 수 있다.

일단 한 가지 사실부터 확인하자. 원자력 에너지가 석유 · 석탄 · 가스와 같은 화석 연료를 태워서 전기를 생산하는 방법과 비교했을 때, 이산화탄소와 같은 온실 기체를 배출하지 않는 것은 사실이다. 그러나 원자력 에너지도 우라늄 채굴 · 운반 · 정제, 폐기물 처리 과정에서 화석 연료를 사용하면서 온실 기체를 방출한다. 이런 사실을 기억하면서 다음 질문에 답해보자.

"대안은 원자력뿐이야." 이런 주장을 하는 이들을 만날 때마다, 나는 이렇게 묻는다. "혹시 한국에서 원자력 에너지가 차지하는 비중이 얼마나 되는지 알고 있나요?" 대부분 이렇게 답한다. "한 40퍼센트 아닌가요?" 아니다. 난방, 수송, 전기 등 전체 소비 에너지에서 차지하는 원자력 에너지의 비중은 2007년 현재 17.3퍼센트에 불과하다.

그렇다면 전 세계 소비 에너지 중에서 원자력 에너지가 차지하는 비중은 얼마나 될까? 원자력 에너지는 2007년 현재 전체 소비 에너지의 고작 2.3퍼센트를 차지하고 있을 뿐이다. 전력 생산에서 차지하는 비중도 13.7퍼센트에 불과하다. 이게 바로 1956년 첫 상업 발전을 시작한 원자력 에너지의 초라한 성적표다.

원자력 에너지가 기후 변화를 막는 수단이 되려면 우선 전 세계 소비 에너지의 11.6퍼센트, 전력 생산의 67.8퍼센트를 차지하는 석탄·석유·가스와 같은 화석 연료를 아주 빠른 시간, 즉 최소한 50년 안에 대체해야 한다. 이런 화석 연료가 전력(21퍼센트), 산업(17퍼센트), 수송(14퍼센트) 등에 쓰이면서 배출하는 온실 기체가 전체의 절반을 차지하기 때문이다.

원자력 에너지가 이렇게 화석 연료를 대신하려면 앞으로 50년간 영광, 울진의 원자력 발전소(1,000메가와트) 2,000~3,000기를 전 세계 곳곳에 지어야 한다. 과연 앞으로 50년간 1주일에 한 곳씩 원자력 발전소를 짓는 일이 가능할까? 원자력 발전소 건설이 가장 각광을 받았던 1980년대 10년간 전 세계에 지어진 원자력 발전소의 개수는 고작 16개였다.

더구나 이렇게 수천 개의 원자력 발전소를 지어도 온실 기체를 막는 데는 한계가 있다. 앞에서 언급했듯이 화석 연료는 전력 생산뿐만 아니라 산업(17퍼센트), 수송(14퍼센트) 등에서 적지 않은 양의 온실 기체를 배출한다. 원자력 발전소에서 생산하는 전기가 산업, 수송 등에 쓰이는 화석 연료를 빠른 시간에 대체할 수 있을까?

이해하기 쉬운 예를 들어 보자. 당장 우리가 일상생활에서 배출하는 온실 기체의 절반 가까이는 자동차(40퍼센트), 비행기(6퍼센트)에서 나온다. 원자력 발전소에서 아무리 전기를 생산한들 전기로 움직이는 자동차, 비행기가 아주 빠른 시간에 널리 퍼지지 않는다면 말짱 소용없는 일이다. 원자력 에너지에 홀린 이들은 왜 이런 사실을 외면하는가?

신화 2: 반가운 원자력?

세계 곳곳에 1주일에 한 곳씩 원자력 발전소를 짓는 일은 불가능하다. 이유는 간단하다. 원자력 발전소가 들어설 곳을 정하는 일이 쉽지 않기 때문이다. 안전(!)이 최우선인 원자력 발전소의 부지를 선정하는 일도 쉽지 않거니와, 설사 그런 맞춤한 부지를 찾았다 하더라도 지역 주민이 반기지 않을 게 뻔하다.

물론 글머리에 언급한 여론 조사 결과를 보면 알 수 있듯이, 원자력 에너지에 대한 대중의 반응이 예전 같지 않은 것은 사실이다. 매년 4월 26일마다 환경 단체가 "핵은 죽음이다" 등의 팻말을 들고

1986년의 체르노빌 원자력 발전소 사고를 대중에게 상기시켜도 많은 대중은 환경 단체가 원하는 대로 반응하지 않는다.

대중이 이렇게 변한 데는 두 가지 이유가 있을 듯하다. 우선 원자력 발전소의 사고 발생 위험이 예전보다 줄었다. 복잡한 통제에 기반을 둔 거대한 인공물의 속성 상 원자력 발전소의 사고 발생 위험은 언제나 있다. 그러나 스리마일 원자력 발전소 사고, 체르노빌 원자력 발전소 사고 때와 비교했을 때, 그 위험이 비교적 잘 통제되는 것은 사실이다.

또 다른 더 중요한 이유도 있다. 대중은 이미 원자력 에너지에서 비롯된 전기에 자신도 모르게 취한 상태다. 더구나 원자력 발전소나 방사성 폐기물 처리장을 둘러싼 갈등 때나 불거지는 원자력 에너지의 '불편한 진실'은, 평소에는 한국원자력문화재단이 텔레비전을 통해서 방송하는 감각적인 광고에 가려서 보이지 않는다.

여기서 다시 질문 하나를 던져 보자. 만약 당신이 사는 곳에 원자력 발전소를 지어도 이렇게 계속 불편한 진실을 외면할 수 있을까? 마침, 과반수의 시민이 어떻게 답할지 말해 주는 결과가 있다. 아까 응답자의 대부분(93퍼센트)이 '원자력 발전소가 필요하다' 입을 모았던 그 여론 조사 결과를 보자.

같은 조사에서 자신의 거주지 부근에 원자력 발전소를 짓는 것을 놓고 '찬성'을 택한 응답자는 불과 31퍼센트에 불과했다. 한국원자력문화재단이 2009년 수차례에 걸쳐 실시한 여론 조사 결과도 마찬가지였다. 자기의 앞마당에 원자력 발전소를 짓는 데 찬성하는 이들의 비율은 1년간 22퍼센트에서 30퍼센트 정도를 오갔을 뿐이다.

　평소에도 이런 데 막상 원자력 발전소가 정말로 내 마을 혹은 옆 마을에 들어선다면 어떻게 될까? 그렇다. 이런 여론 조사에 호기롭게 '찬성' 목소리를 높였던 사람, 방사성 폐기물 처리장에 반대했던 부안 주민을 놓고 '님비(NIMBY)'로 몰아세웠던 사람 중 다수가 머리띠를 묶고 거리로 나설 것이다.

　경주에서 그랬듯이 정부, 기업이 권력, 금력을 동원해 시민을 회유한다면, 이런 반대 운동이 수포로 돌아갈 수도 있다. 그러나 한 가지 확실한 것은 원자력 에너지에 대한 정보를 접할 기회가 거의 없었던 1970~1980년대의 어촌 마을에 군사 작전처럼 원자력 발전소를 세웠던 일이 앞으로 다시는 반복되지 못하리라는 것이다.

　이런 사정을 염두에 두고 한 환경 운동가는 이런 제안을 내놓았다. "오는 서울 지방 선거에서 진보 정당의 후보가 '서울시에 원자력 발전소를 건설해서 모든 대중교통을 전기 자동차로 바꾸자' 이런 제안을 내놓으면 어떨까. 그래서 지방 선거를 원자력 에너지를 둘러싼 '불편한' 진실을 폭로하는 장으로 만들자!" 서울 시민의 반응이 궁금하다.

신화 3: 깨끗한 원자력?

앞에서 언급했듯이 원자력 에너지가 첫 상업 발전을 한 1946년부터 약 반세기가 지났다. 2011년 현재 전 세계에서 가동 중인 원자력 발전소는 총 443기다. 그렇다면, 여기서 또 질문을 하나 해보자. 원자력 발전소에서 발생하는 연간 약 1만 3000톤이나 되는 고준위(!) 방사성 폐기물을 영구히(!) 처리, 보관하는 곳은 전 세계에 몇 곳이나 있을까?

이런 질문에 곧장 이렇게 답하는 사람이 많다. "미국, 유럽 등 곳곳에 수십 곳은 있지 않을까요? 우리나라만 님비 때문에 부지 선정을 못하다 19년 만에 경주에 들어서게 되었잖아요." 잘 알다시피 이 대답은 틀렸다. 경주에 들어서는 방사성 폐기물 처리장은 고준위 방사성 폐기물을 처분하는 곳이 아니기 때문이다.

어처구니없게도 인류는 원자력 에너지로 전기를 생산한 지 반세기가 지난 지금까지 원자력 발전소에서 나오는 사용 후 핵연료와 같은 고준위 방사성 폐기물을 처분할 방법을 찾지 못하고 있다. 부지 선정, 처리 방법 등을 놓고 수십 년 동안 수많은 이들이 머리를 맞대고 논의하고 있지만 누구나 수긍할 만한 답을 여전히 내놓지 못하고 있다.

이것은 심각한 문제다. 원자력 발전소의 평균 수명(23년)을 염두에 두면, 현재 가동 중인 원자력 발전소의 3분의 2 이상(약 300기)이 폐쇄를 앞뒀다. 그렇다면, 매년 배출되는 고준위 방사성 폐기물 외에도 이미 폐쇄된 원자력 발전소 124기와 앞으로 폐쇄할 곳 수백 기에서 많은 양의 폐기물이 나올 수밖에 없다. 상황이 이런 데도 인류는 그 쓰레기를 처리할 수단을 찾지 못한 것이다.

사정이 이렇게 딱하게 된 데는 다 이유가 있다. 사용 후 핵연료와 같은 고준위 방사성 폐기물 안에는 반감기가 짧게는 수천 년에서 길게는 수십만 년에 달하는 방사성 물질이 다량 포함되어 있다.

(사용 후 핵연료에 포함된 방사성 물질 중 하나인 플루토늄의 반감기는 2만4,000년이다!) 이런 물질은 외부 환경과 말 그대로 "영구히" 격리를 시키지 않으면 치명적인 결과를 낳는다.

그동안 환경 단체가 이런 심각한 사실을 널리 알리려고 노력했지만 시민의 반향을 얻는 데는 성공하지 못했다. 그럴 수밖에 없다. 10년 계획도 버거워 하는 보통사람의 시간 감각으로 수천 년, 수만 년, 수십만 년 동안 통제해야 할 위험이라는 것을 상상하기는 쉽지 않기 때문이다. 여기 쉬운 예가 있다.

이집트의 피라미드를 한 번 떠올려 보자. 4,000~5,000년 전에 만들어진 것으로 추정된 이 피라미드에 대해서 우리가 아는 것은 거의 없다. 단지 수십만 명이 동원되어 만들어진 왕의 무덤이라고 추측할 뿐이다. 이집트의 피라미드로도 실감이 안 난다면 만들어진 지 채(?) 1,000년도 안 된 캄보디아의 앙코르와트는 어떤가?

피라미드, 앙코르와트의 예에서 볼 수 있듯이 인류가 수백 년, 수천 년, 수만 년을 통제할 수 있는 인공물을 만드는 것은 사실상 불가능하다. 원자력 에너지는 바로 이런 불가능한 일을 인류에게 강요하고 있다. 실제로 고준위 방사성 폐기물 처분장을 고민하는 이들은 상상을 초월하는 임무를 수행한다.

예를 들면 이렇다. 수천 년, 수만 년이 지나서 이 위험한 곳에 접근하려는 이들에게 '위험' 경고를 어떻게 할 것인가? 잘 알다시피, 인간의 언어는 워낙에 빨리 변해서 500~600년이 지나면 거의 이해하지 못한다. 고등학교 국어 수업 시간에 교사의 도움 없이는 조선 시대 후기의 한글을 거의 이해할 수 없었던 것처럼 말이다.

고민은 계속된다. 수천 년, 수만 년 뒤까지 경고할 방법을 다행히 찾았다고 하자. (실제로 글자가 아닌 그림을 이용한 경고가 궁리되고 있다.) 그렇다면, 그런 경고 표시는 어떻게 남겨야 할까? 수천 년, 수만 년 뒤까지 풍화 작용을 비롯한 온갖 파괴 현상을 견뎌 낼 경고판을 마련하는 게 과연 가능할까?

이런 불가능한 임무를 인류는 어떻게든 완수해야 한다. 지난 반세기 동안, 또 앞으로 상당 기간 동안 배출할 고준위 방사성 폐기물을 어떤 식으로든 처리해야 할 의무가 인류에게는 있기 때문이다. 이런 상황을 알고도, 원자력 발전소에서 생산하는 전기를 마음 편히 사용할 수 있을까?

신화 4: 영원한 원자력?

원자력 에너지를 옹호하는 이들이 인정해야 할 사실이 또 있다. 석유, 가스와 같은 화석 연료처럼 원자력 에너지에 쓰이는 우라늄도 유한하다!

현재 원자력 발전소에서 쓸 만한 양질의 우라늄 매장량은 약 547만 톤 정도다. 매년 우라늄 7만 톤 정도가 소비되는 현실을 염두에 두면, 원자력 발전소를 현재의 수백 곳 수준으로 유지한다고 하더라도 고작 80년이면 고갈된다. 앞으로 수십 년간 원자력 발전소를 더 짓는다면 이 우라늄의 고갈 속도는 더욱더 빨라질 것이다. 덩달아 우라늄의 가격도 폭등할 건 뻔하다.

이런 징후가 이미 보인다. 우라늄은 2000년 1파운드당 평균 7.1달러 수준이었는데 2008년 약 134달러로 20배 이상 올랐다. 현재는 가격이 내려서 1파운드당 60~70달러 선에서 거래되고 있기는 하지만 앞으로 원자력 발전소가 늘어날수록, 또 우라늄 고갈 속도가 빨라질수록 가격은 날개를 달 것이다.

물론 원자력 발전소 몇 곳이 더 들어서 우라늄이 귀해질수록, 지금까지 거들떠보지 않았던 낮은 질의 우라늄 광석도 주목을 받을 것이다. 그러나 이런 낮은 질의 광석에서 우라늄을 추출하려면 지금보다 훨씬 더 많은 자원, 비용이 들어간다. 배보다 배꼽이 더 커지는 이런 상황에서 원자력 에너지가 지속 가능할까?

문제는 이뿐만이 아니다. 전 세계 우라늄의 대부분은 오스트레일리아(약 114만 톤), 카자흐스탄(약 81만 톤), 캐나다(약 44만 톤), 미국(약 34만 톤) 등 몇 나라에 집중되어 있다. 오스트레일리아, 카자흐스탄, 캐나다 세 나라에 매장량의 절반이 묻혀 있다. 이 우라늄이 쓸모가 있으려면 전 세계 곳곳의 원자력 발전소로 운반을 해야 한다.

이렇게 우라늄을 운반하려면 배, 자동차 등의 수송 수단을 이용할 수밖에 없다. 전기로 움직이는 배, 자동차가 빠른 시간에 보급되지 않는다면, 이런 우라늄의 수송은 다시 온실 기체를 내뿜는 석유와 같은 화석 연료에 의존해야 한다. 기후 변화 탓에 화석 연료 규제가 강화되거나, 화석 연료가 고갈된다면 우라늄의 미래에도 어둠이 깔릴 것이다.

일부 원자력 옹호자는 이런 문제를 의식하고 사용 후 핵연료의 재처리를 주장한다. 사용 후 핵연료 안에 포함되어 있는 플루토늄을 추출해 다시 원자력 발전소의 원료로 사용하자는 것이다. 이들은 어차피 어딘가에 영구히 보관해야 할 고준위 방사성 폐기물도 이런 방법으로 처리할 수 있으리라고 장밋빛 전망도 덧붙인다.

세상 일이 이렇게 쉬우면 얼마나 좋을까? 우선 재처리는 고준위 방사성 폐기물을 해결하지 못한다. 사용 후 핵연료를 재처리해 플루토늄(1퍼센트)을 추출해도 고준위 방사성 폐기물의 대부분이 고스란히 남기 때문이다. 기존의 고준위 방사성 폐기물보다 훨씬 더 처리하기 어려운 고약한 쓰레기 상태로 말이다.

더구나 재처리를 통해 얻어 낸 플루토늄은 원자폭탄의 원료로 사용될 수 있다. 세계 곳곳에서 원자력 발전소에서 나오는 사용 후 핵연료를 재처리하겠다고 나섰을 때, 과연 미국, 중국과 같은 나라들이 이를 용인할지 의문이다. 당장 한국이 재처리를 선언한다면, 미국이 쌍수를 들고 환영할까?

신화 5: 안전한 원자력?

지금도 전 세계 수백 곳의 원자력 발전소에서 아찔한 사고로 이어질 수 있는 크고 작은 오류가 끊임없이 발생한다. (이것은 복잡한 인공물의 속성이다!) 그러나 스리마일 원자력 발전소 사고, 체르노빌 원자력 발전소 사고와 같은 일이 반복될 가능성은 적다. 앞에서 잠시 언급했듯이 원자력 발전소는 1970~1980년대와 비교했을 때, 사고 발생 위험이 분명히 줄었다.(그러나 이 글을 완성하고 나서 몇 달이 지난 2011년 3월 11일 지진 해일이 덮친 후쿠시마 원자력 발전소에서 체르노빌에 버금가는 사고가 발생했다. 2011년 4월 15일 현재 여전히 진행 중인 이 사고는 원자력 발전소의 '안전' 신화가 얼마나 말도 안 되는 것인지 증명한다.)

그럼, 이제 우리는 원자력 발전소는 '안전하다', 아니 정확히 말해서 '통제할 수 있다' 이런 주장을 수긍해야 할까? 기후 변화에 대한 대응으로 원자력 에너지에 눈길을 보내는 이들, 러브록, 라이너스, 몬비오 등은 실제로 이런 주장에 고개를 끄덕인다. 그러나 이번에도 그들은 틀렸다.

2003년 MIT와 하버드 대학교의 연구자 9명은 공동으로 「원자력 발전의 미래(The Future of Nuclear Power)」라는 보고서를 펴냈다. 이 보고서는 원자력 에너지가 기존의 화석 연료를 대체할 것이라고 전망하면서, 이런 전망이 실현되려면 생산 비용, 폐기물 문제 등을 해결해야 할 것이라고 지적했다.

원자력 에너지의 미래에 낙관적인 이 보고서에서 특히 눈에 띄는 부분이 있다. 다수의 원자력 옹호자의 주장과는 달리 여전히 원자력 에너지의 중요한 약점으로 그 '위험'을 언급하고 있기 때문이다. 이 보고서는 "사고 발생 위험은 줄었지만 원자력 연료의 수송, 원자력 발전소 테러 등에 대비해야 할 것"이라고 경고했다.

이런 보고서의 경고를 실감나게 확인할 수 있는 예를 한 번 들어 보자. 2001년부터 2010년까지 여덟 편의 시즌이 방송되면서 대중의 시선을 모았던 미국 드라마 「24」가 있다. 몇 년 전 한국에서 인기를 끌었던, 광화문에서 총질을 하는 장면을 찍어 화제가 되었던 드라마 「아이리스」의 원조 격인 드라마다.

이 드라마 「24」는 매 시즌마다 가능한 모든 테러 상황을 그려서 주인공을 수난으로 몰아넣는다. 가만히 테러의 종류를 살폈더니, 드라마 전체에 걸쳐서 가장 많은 회수의 테러는 바로 핵공격이었다. 특히 「24」 네 번째 시즌은 원자력 발전소가 테러리스트의 손에 들어갔을 때 얼마나 끔찍한 핵무기로 돌변하는지 실감나게 보여 준다.

심심찮게 유럽의 환경 운동가들이 원자력 발전소에 잠입해 깃발을 꽂는 퍼포먼스를 진행하는 것도 바로 이런 테러의 위험을 경고하기 위해서다. 그러고 보니, 서울의 광화문을 초토화할 목적으로 「아이리스」에서 테러리스트들이 사용하는 수단도 핵공격이었다. 「24」의 여덟 번째 시즌에서도 테러리스트는 뉴욕을 핵공격으로 위협한다.

이뿐만이 아니다. 북한, 이란의 핵무기 개발에서 알 수 있듯이 원자력의 '평화적 이용(원자력 발전)'과 '군사적 이용(핵무기)'의 경계는 애매모호하다. 세계에서 가장 높은 프랑스의 원자력 에너지 의존도가 핵무기 보유 욕심과 떼려야 뗄 수 없다는 것은 주지의 사실이다. 원자력 발전소가 세계 곳곳에 들어선다면, 그것은 곧 핵무기 확산으로 이어질 가능성이 크다.

예상하면 이렇다. 원자력 발전소를 보유한 몇 나라는 틀림없이 사용한 핵연료를 재처리해 플루토늄을 생산할 것이다. 이렇게 생산된 플루토늄은 언제든지 핵무기 생산에 이용될 수 있다. 당연히 그 이웃 나라도 플루토늄 생산을 주저하지 않을 것이다. 결국, 전 세계는 새로운 핵무기 경쟁에 휩싸일 수밖에 없다.

신화 6: 강력한 원자력?

앞에서 원자력 에너지의 여러 가지 문제를 살펴봤다. 이런 많은 문제에도 불구하고 대중의 93퍼센트가 원자력 발전소를 찬성하는 상황을 보면 힘이 빠진다. 마치 원자력 에너지가 제 멋대로 움직이는 '괴물'이 되어 「오디세이」의 세이렌처럼 사람을 유혹하는 게 아닌가, 이런 생각이 들 정도다.

사실 원자력 에너지뿐만 아니라 현대 과학 기술의 많은 모습을 보면 무기력감이 느껴지는 게 사실이다. 하루가 다르게 세상을 호령하는 인터넷, 컴퓨터, 휴대전화의 예에서 볼 수 있듯이, 과학 기술은 사회로부터 영향을 받기보다는 사회를 거의 결정하듯이 영향을 주는 것처럼 보이는 경우가 많기 때문이다.

실제로 과학 기술의 이런 모습을 놓고 미국의 역사학자 토머스 휴즈는 의미심장한 지적을 한 적이 있다. 사회 속에 자리 잡은 과학 기술 중 어떤 것은 사회로부터는 영향을 좀처럼 받지 않는 반면, 사회에는 막대한 영향을 끼치는 힘(technological momentum)을 획득한다. 이렇게 힘을 획득한 과학 기술은 원자력 에너지처럼 마치 '자율적' 실체로 보인다.

이런 지적은 과학 기술이 초래하는 여러 가지 문제에 둘러싸인 우리에게 중요한 교훈을 준다. 특정한 과학 기술이 사회 속에서 자리를 잡고 힘을 기르기 전에 견제하지 않으면, 그것은 웬만해서는 끄덕하지 않는 실체로 결국 우리를 압박할 것이다. 최근 등장한 생명 공학, 나노 기술, 로봇 기술 등에 절박한 심정으로 대응해야 할 이유도 바로 여기에 있다.

그렇다면, 이미 힘을 획득한 과학 기술은 그저 무기력하게 받아들여야 하는가? 아니다. 아무리 강해 보이는 과학 기술도 사회로부터 벗어나 완전히 자율적 실체가 되는 것은 아니다. 그 과학 기술역시 궁극적으로는 한 사회를 구성하는 이해관계의 총체다. 따라서이런 이해관계의 동맹이 붕괴하면 그것 역시 숨통이 끊어질 수밖에없다. (『대중과 과학 기술』, 김명진, 잉걸, 2001년, 27쪽)

원자력 에너지야말로 좋은 예다. 1970년대까지 누구도 원자력에너지의 전 세계적인 팽창을 의심하지 않았다. 그러나 서유럽을중심으로 진행된 반핵 운동은 원자력 에너지의 성장에 제동을 걸었다. 1979년(스리마일), 1986년(체르노빌)에 발생한 두 차례의 원자력 발전소 사고는 원자력 에너지에 결정타를 먹였다.

이제 서유럽에서 원자력 에너지가 다시 힘을 가지기는 어려워보인다. 지난 2007년 한국을 방문했던 독일 녹색당의 한스 요제프펠은 "원자력 에너지에 이해관계가 속박된 기업인, 정치인, 언론인등은 늘 그것의 부활을 꿈꾸지만 독일에서는 사실상 불가능하다."라며 그 이유를 두 가지로 설명했다.

첫째, 원자력 에너지와 불화할 수밖에 없는 이해관계를 가진 세력이 독일에 광범위하게 존재한다. 정부의 보조금 등을 놓고 원자력 에너지와 경쟁 관계일 수밖에 없는 풍력·태양 에너지 등 재생가능 에너지가 널리 보급된 덕분이다. 재생 가능 에너지 산업에 종사하는 기업인, 노동자와 이들을 지지하는 시민 등이 무시 못할 숫자로 늘어난 것이다.

둘째, 1970년대 이후 고양된 환경에 대한 관심과 강력한 환경 운동 속에서 성장한 독일 시민은 원자력 옹호자의 온갖 노력에도 불구하고 결코 기존에 가지고 있던 원자력 에너지에 대한 부정적 인식을 바꾸지 않는다. 게다가 체르노빌 원자력 발전소 사고는 이런 인식을 더욱더 강화했다.

독일 시민은 원자력 에너지를 다시 우리 안에 가두는 데 성공했다. 이처럼 아무리 강고해 보이는 과학 기술이라도 다시 족쇄를 채울 수 있으며, 서유럽의 원자력 에너지는 그 좋은 예다. 한국의 원자력 에너지도 마찬가지다. 지금은 무소불위의 힘을 가진 것처럼 보일지라도 한순간에 무너질 수 있다.

신화 7: 행복한 원자력?

"행복한 원자력." 한국원자력문화재단이 텔레비전 광고를 통해서 이런 말을 유포한 적이 있다. 더운 여름, 추운 겨울을 가리지 않고 전기를 펑펑 쓰는 보통 사람의 안락한 삶을 보장하는 원자력 에너지의 한 면을 부각해서 대중에게 전달한 것이다. 이렇게 그들은 끊임없이 원자력 에너지가 제공하는 풍요에 대한 환상을 대중에게 제공한다.

이런 원자력 에너지가 저절로 무너지지는 않는다. 우리가 손 놓고 있다면 심지어 끔찍한 사고가 일어나도 그것이 원자력 에너지에 대한 사회적 성찰로 이어질 가능성은 적다. 1990년대 성수대교(1994년) 붕괴, 삼풍백화점(1995년) 붕괴 사고 등이 잇따라 일어났음에도 그것이 한국 사회의 성장주의에 대한 반성으로 이어지지 않았던 것처럼 말이다.

그렇다면, 우리는 어떻게 원자력 에너지를 공격해야 하는가? 우선 시민이 알고 있는 원자력 에너지에 대한 환상을 걷어내는 작업부터 시작해야 한다. 그 과정에서 앞에서 열거한 수많은 '사실'은 유용한 도구가 될 수 있을 것이다. 그러나 단순히 사실을 나열하는 것만으로는 한계가 있다.

성수대교 붕괴, 삼풍백화점 붕괴 사고를 놓고 한국 사회가 보인 반응에서 확인할 수 있듯이, 사람은 똑같은 '위험'을 놓고도 자신이 가진 사고의 틀(frame)에 따라서 전혀 다르게 반응한다. 이런 점을 염두에 두면, 앞에서 열거한 사실도 원자력 에너지의 환상에 빠져 있는 사람에게는 허무맹랑한 선동으로 보일지 모른다.

이제 원자력 옹호자가 시민에게 제공하는 틀을 깨부수는 '다른' 틀을 제시해야 한다. 원자력 에너지가 뒷받침하는 안락한 삶은 지속 가능한가? 도시 사람이 전기를 펑펑 쓸 때, 원자력 발전소가 들어선 시골 사람이 위험을 감수하는 것은 정당한가? 인간의 능력의 한계를 넘는 원자력 쓰레기의 처리를 다음 세대에게 전가하는 것은 올바른가?

새로운 틀을 만들 때, 고려해야 할 질문은 꼬리에 꼬리를 물고 이어진다. 위험 관리 탓에 정보의 통제가 불가피한 원자력 에너지는 민주주의의 원칙에 부합하는가? 한 곳에서 생산한 전기를 전국으로 송전하는 게 불가피한 원자력 에너지가 과연 화두처럼 이야기되는 지방 분권의 미래상에 부합하는가?

이런 질문에 답하는 새로운 틀이 앞에서 열거한 사실과 함께 시민에게 주어질 때, 시민은 점차 원자력 에너지의 환상에서 깨 비로소 대안으로 눈을 돌릴 것이다. 물론 이 과정은 쉬운 과정이 아니다. 오랜 시간, 많은 노력이 불가피하리라. 수십 년의 노력 끝에 독일이 2000년 원자력 발전소 폐기를 선언할 수 있었던 것처럼 말이다.

물론 당장 시작해야 하고, 효과도 클 일도 있다. 우선 한국원자력문화재단을 해체하는 일부터 시작해야 한다. 이 기관은 시민이 내는 전기 요금의 일부(3.7퍼센트)로 조성되는 전력산업기반기금에서 매년 약 100억 원 이상의 지원을 받아 원자력 에너지에 대한 환상을 유포하는 데 앞장서고 있다.

정부도 풍력·태양 에너지와 같은 재생 가능 에너지의 필요성을 부인하지 않는 상황에서, 유독 원자력 에너지만을 위한 홍보 기관을 시민이 모은 기금으로 유지하는 것은 형평성만 놓고 봤을 때도 맞지 않다. 한국원자력문화재단을 해체 혹은 개편해서 가능하면 걸음마 수준인 재생 가능 에너지를 지원하는 기관으로 바꿔야 할 것이다.

시급히 해야 할 또 다른 일은 도처에 박혀 있는 이른바 '원자력 동맹'의 실체를 파악하는 일이다. 공무원, 정치인, 기업인, 언론인, 과학자, 공학자 등으로 구성된 원자력 동맹의 핵심은 누구인가? 원자력 에너지와 관련해서 어떤 이해관계를 가지는가? 어떻게 재생산되는가? 이런 의문이 해결될 때, 한국 사회에서 원자력 에너지가 갖는 의미를 더 또렷하게 알 수 있다.

생각하는 힘

현대 과학 기술 시대의 가장 큰 문제 중 하나는 폭력(악)의 익명성이다. 원자력 에너지가 그 대표적인 예이다. 전기 없이는 단 한 순간도 편안하게 보낼 수 없는 대다수 도시 사람은 자신도 모르게 원자력 발전소 인근에 거주하는 시골 사람, 방사성 쓰레기로 고통 받을 다음 세대에게 폭력을 가하는 중이다.

그들은 그렇게 일상생활에서 폭력을 가하면서도 정작 자신이 무슨 짓을 하는지 알지 못한다. 원자력 옹호자와 같은 권력 유지에 과학 기술을 동원하는 이들은 바로 이 점을 간파하고, 그들이 진실을 알지 못하도록 끊임없이 환상을 부추긴다. 한국원자력문화재단이 텔레비전을 통해서 유포하는 온갖 광고는 바로 그 증거다.

예수는 십자가에 못 박히면서 자신을 손가락질하는 가난한 사람을 보면서, "자기가 하는 일을 모르고 있다."라며 대신 용서를 빌었다. 원자력 에너지의 환상에 깨어나지 못하고 스스로 파멸의 길로 걸어가는 이들을 위해서 대신 용서를 빌어 줄 이는 누구인가? 우리가 생각하는 힘을 회복하지 못한다면, 용서를 빌어 줄 이는 아무도 남지 않을 것이다.

아톰의 시대에서 코난의 시대로

1판 1쇄 펴냄 2011년 5월 30일
1판 6쇄 펴냄 2018년 5월 4일

지은이 강양구
펴낸이 박상준
펴낸곳 (주)사이언스북스
출판등록 1997. 3. 24.(제16-1444호)
(06027) 서울시 강남구 도산대로 1길 62
대표전화 515-2000, 팩시밀리 515-2007
편집부 517-4263, 팩시밀리 514-2329
www.sciencebooks.co.kr